당신의 집은 어디인가

도시의 집에 관한 스물여섯 가지 관찰기
당신의 집은 어디인가

구선아 지음

진
품경

도시의

온갖
집에서

자랐고,

도시의

모든
장소에서

내가
되었다.

들어가며

지금, 나는 어떤 집에서 살고 있을까. 이 질문을 던지는 순간, 오래전 떠나온 집들이 생각났다. 나의 감정 구조와 애착을 만들어준 집들, 특정한 장소의 기억으로 남은 제2의 집들. 지금의 나를 만든 건 내가 살아온 집과 도시에서 경험했던 모든 집이었다.

이 책은 내가 나로 살아가는 과정에서 만난 도시의 집들을 관찰한 기록이다. 도시적인 것을 사랑하는 한 사람이 개인과 공동체의 경계에 서서 관찰자로 바라본 집의 이야기다.

'도시적 삶'은 수많은 장소를 통해 다양한 형태와 속도를 만들어낸다. 도시의 공간에서 가장 기본 단위의 장소는 개인의 '집'이다. 여기서 집은 하우스(house)가 아닌 홈(home)이다. 집은 보호와 안락, 소속과 자유, 자아 표현의 공간이다. 개인이 생활하면서 타인을 초대하고 환영하는 사회적 공간이다. 나아가 집이 위치한 지역의 커뮤니티와 연결되는 중심 역할을 하며 관계를 형성한다. 직업과 연령, 관심사와 삶에 관한 태도 등에 따라 집은 공간에서 장소화된다. 공간이 물리적인 곳이라면 장소는 감정으로 만들어진 곳이다.

집과 도시는 늘 함께 연결되어 있다. 집과 도시는 서로에게 자리와 시간을 내주며, 서로를 살아 있게 한다. 요즘만의 이야기는 아니지만 집은 투자 대상과 경제 용어처럼 변모했고, 서울의 애착 장소는 사라지는 곳이 많아졌다. 그래서 살아보고 경험해본 집, 제2의 집이 되어주었던 장소들의 기억과 의미를 찾아보고자 했다.

나도 당신도 집을 찾아 헤맸던 순간이 이 책 안에서 연결되었으면 좋겠다. 글을 쓰며 되도록 동네나 집의 이름을 구체적으로 적지 않았다. 비록 내가 살았던 집과 관찰한 집의 이야기지만, 당신과 우리의 집으로 읽히길 바랐다. 물론 동네에 따라 집의 의미가 변한다. 그러나 특정한 아파트나 이름을 가진 집보다 집의 유형과 특징, 집과 도시 장소들과의 관계에 대해 담고자 했다. 당신이 살아온 수많은 공간을 떠올리며 "아, 내 이야기도 여기 있구나" 고개를 끄덕여주면 좋겠다.

도시적 삶을 살아가야 하는 개인, 그 개인과 집의 이야기에서 나를 이해해보고 싶은 사람, 도시 공간의 의미를 탐구해보고 싶은 사람에게 이 책을 권한다.

나의 집은 어디에 있을까. 집과 나를 찾고 싶은 이들에게 보낸다.

구선아

차례

집

- 12 독립을 꿈꾸게 해준 집
- 18 청춘들의 반지하
- 27 낭만의 옥탑방
- 33 도시의 마지막 집
- 41 벽돌집 노스탤지어
- 49 미래의 원룸
- 57 살기 좋은 빌라촌은 어디에
- 63 아파트 키즈가 추억하는 집
- 70 정상 가족의 욕망이 된 아파트
- 79 아이의 집, 우리의 집
- 87 단지가 마을로, 입주민이 이웃으로
- 94 어린이 키우기 좋은 동네 vs 어린이가 공부하기 좋은 동네
- 103 셀럽들이 산다는 주상 복합 건물

6   들어가며   203   나가며

골목을 지나 만난 제2의 집

112   집과 도시를 연결하는 골목

119   스스로 설계하는 한옥

126   도시 밖 세컨드 하우스

134   대안적 삶을 만드는 단독 주택

142   일하는 자리

149   제3의 공간이 된 카페

155   도시민을 환대하는 공원

161   오래된 책의 집, 동네 도서관

168   집단과 개인의 경험이 교차하는 영화관

174   쇼핑몰은 확신의 에스 키즈존

181   움직이는 집, 자동차

187   일이 싫어질 때 호텔

194   자기만의 책방

201   등장한 책과 영화

집

독립을 꿈꾸게 해준 집

어른을 흉내내던 나이부터
독립을 꿈꿨다.

돈 벌어 한국을 떠나는 것이 목표였다. 되도록 멀리 가서 살고 싶었다. 그러나 입시생이 되니 대학에 못 가게 될까 무서웠다. 집에서 떠나지 못하게 될까 두려웠던 것이다.

집을 떠나려면 마땅한 이유가 있어야 했다. 리베카 솔닛은 가부장제가 가족을 지배하는 곳은 어디든 침묵이 존재한다고 했다. 나는 침묵에서 도망치는 방법으로 독립을 꿈꿨다. 독립의 마땅한 이유로 공부를 선택했다.

원하던 사립 대학교 대신 인근 도시의 국립 대학교에 입학했다. 등록금도 학비도 생활비도 사립 대학교보다 저렴했다. 과제 많다는 건축학과에 입학해 미술 교육과를 함께 공부했다. 과제와 수업을 핑계로 기숙사에서 지내게 되면서 나의 독립은 시작되었다.

기숙사는 학생에게 가장 싼값의 주거 시설이다. 4인이 하나의 방을 쓰고 화장실, 샤워실, 세탁실, 휴게실을 공용으로 사용했다. 통금 시간이 되면 출입문이 잠겼다. 밤 10시가 되면 기숙사 반장이 방마다 돌아다니며 인원을 확인했다. 몇몇 학생은 점호 이후 외출하기 위해 창문으로 빠져나갔고, 점호 직전에 창문으로 들어왔다. 호기심 많고 하고 싶은 것도 많은 20대 청춘들. 난 기숙사에 몰래 들어가거나 탈출하지는 않았지만 달리기 실력은 점점 늘었고, 몰래 야식을 들여올 창문을 발굴했다. 값싼 기숙사비가 나를 독립시켜주었으니, 큰 불편은 아니었다.

20년이 더 지난 지금도 대부분 대학교의 기숙사에는 통금 시간이 존재한다. (2022년 서울 지역 대학 중 경희대, 고려대, 서울대, 서울시립대만 출입 제한 시간이 없다.) 자정에서 새벽 5시 사이에는 기숙사 출입문이 잠겨 있고, 외박이나 늦은 귀가는 사전 신고해야 한다. 그 일수가 많아지거나 신고하지 않으면 벌점이 쌓여 강제 퇴소당한다.

서울시 조사(2018년)에 따르면 대학생들은 기숙사의 출입 및 외박 통제를 인권 문제로 지적했다. 2022년에는 통금 시간 이후 외출하려고 창문으로 나가던 학생이 떨어져 사망한 사고도 발생했다. 개인의 자유가 우선일까, 공동체 생활이 우선일까. 자유와 공동체는 양립할 수 있을까. 의견은 분분하다. 학생의 자유와 사고 방지를 위해 출입 및 외박 통제를 모두 없애야 할까. 학생은 자유에 따른 책임과 의무를 짊어질 수 있을까.

대학 4학년 때는 출입 제한이 없던 특별 기숙사에 살게 되었다. 국가고시를 준비하는 4학년을 대상으로 만들어진 기숙사였다. 학교 성적을 우선으로 뽑았고 시험 준비생인 것을 증명해야 했다. 성적이 좋았고, 건축 기술 자격증과 임용고시를 준비하던 나는 운 좋게 특별 기숙사에 배정되었다. 별도의 입실, 퇴실 시간이 정해져 있지 않고 외박 일수가 자유롭고 점호 따위 없는 곳. 성적을 빌어 자유를 준 것인지, 성적이 좋아 자신을 책임질 거라 믿어주었는지 알 수 없다. 다만 어른에 더 가까워진 기분이 들었다.

기숙사는 많게는 4인 적게는 2인이 방 하나를 쓴다. 두 명이 쓰더라도 각각 다른 패턴으로 생활한다. 한 명이 늦게 귀가하면 수면과 생활에 방해가 되어 다른 학생에게 피해를 준다.

룸메이트의 학교 밖 친구가 방에 자주 방문해 스트레스받던 친구가 있었다. 새벽 네 시에 방을 나서던 룸메이트 때문에 강제 기상을 당했던 동기가 있었는데, 결국 조용히 반지하 방을 얻어 기숙사를 나갔다.

그즈음이었다. 정체 모를 남자가 기숙사에 들어가던 여학생을 위협한 일이 생겼다. 다행히도 지나던 학생이 발견해 실랑이를 벌였고, 소란스러운 분위기에 다른 학생들이 나타나 불미스러운 일은 막았다. 그렇지만 기숙사를 가장 안전한 주거 시설이라고 생각한 학생과 학교 관계자들은 충격에 휩싸였다. 학교 ROTC와 기숙사에 사는 체육학과 남학생들이 조를 구성해 자율 방범 활동을 시작했다. 그때나 지금이나 학생들의 자유와 안전은 대립한다.

대학을 졸업하면서 완전한 독립을 꿈꾸었다. 건설 회사, 백화점, 미술관, 갤러리에서 돈을 벌어도 주거 독립은 쉽지 않았다. 아르바이트도 직장도 아닌 어중간한 형태의 돈벌이였다. 꿈 대신 밥벌이를 택한 줄 알았는데, 돌이켜보니 밥벌이 대신 꿈을 찾는 과정이었다. 돈을 벌수록 돈을 모으는 것도 작은 집

얻기도 불가능했다.

또다시 작은 방 대신 기숙사를 택했다. 그곳에서 '진짜 독립'을 준비했다. 경제 독립, 정서 독립. 약간의 자유와 바꾼 기숙사 생활은 무엇 하나 준비할 겨를 없이 사회에 나가기에 두렵고 불안한 나에게 시간을 벌어주었다.

대학원 기숙사는 신축 건물이라 시설도 깨끗하고 출입 통제도 없었다. 값과 시설, 동선, 모든 것을 고려했을 때 나에게 2인 1실 기숙사는 최고의 주거 공간이었다. 더구나 당시 다른 과 석사 졸업반이던 룸메이트 언니는 연구실에서 밤을 새우는 일이 많아 방에 잘 들어오지 않았기 때문에, 1인실처럼 사용했다. 아침에나 보던 언니는 곧잘 나에게 말했다.
"돈 없이 공부하는 게 얼마나 힘든지 알아? 뭐, 그래도 집으로 돌아가는 것보단 낫지만."

시간이 꽤 지나 알았다. 도시에서 여자 혼자 사는 일에는 경제적 비용 외에도 감당해야 할 무게가 있었다.

청춘들의 반지하

집은 선택이 아니라
생존 방식이었다.

지옥고라는 표현이 있다. 지하방, 옥탑방, 고시원의 앞 글자만 딴 말이다. 지옥보다 높다(高)는 걸까, 지옥보다 힘들다(苦)는 걸까. 독립을 준비하며 직간접적으로 지옥고를 경험했다. 대학원 기숙사에서 나올 당시, 통장에 백만 원도 없었다. 집에서는 주택 보증금을 보태 줄 형편이 안되었다. LH 매입임대주택이나 청년주택, 대학생 전세자금 대출이 없던 때였다. 어쩌면 더 적극적으로 가난함을 증명했으면 숨은 혜택을 받았을까. 하지만 나의 가난은 나의 재능만큼이나 어중간했다.

친한 동기는 5층 계단을 올라야 있는 옥탑방에, 동기 언니는 고시원에 살았다. 우리 모두 서울에 집이 없었다. 지옥고에서 가장 예쁘다는 청춘의 시기를 버티고 있었다. 서로가 있어 힘이 되었다는 말은 거짓이었다. 스스로 불편한 독립을 선택했고, 각자의 삶이 바빴다. 그래서 고통스럽거나 슬프지 않았다.

버지니아 울프(Virginia Woolf)가 『자기만의 방』을 통해 말했다. 한 여성이 최소한의 자유와 행복을 가지려면 자기만의 방과 연간 5백 파운드의 수입이 있어야 한다고. 당시 연간 5백 파운드는 지금의 값어치로 환산하면 약 4천만 원이 넘는 돈이다. 돈의 액수보다 생활 유지가 가능한 고정적 수입을 의미한다. 자기만의 방이란 타인의 방해를 벗어나 원하는 일을 할 수 있는 곳이다. 울프에게는 글쓰기였고, 그때의 나에게는 미래를 위한 공부였다.

자기만의 방도, 연간 5백 파운드의 수입도 내게는 없었지만 기숙사를 떠났다. 더 비싸지만 낡고 작은 반지하 방에 입성했다. 학교 커뮤니티를 통해 월세를 공유하는 조건으로 룸메이트 모집하는 글을 보고 입주했다. 방주인은 모르는 사람을 집에 들여서라도 20만 원이라도 안 쓰는 게 중요했다. 이름도 기억나지 않는 룸메이트는 나와 같은 대학원의 다른 과에 다녔다. 그도 아르바이트로 월세와 생활비를 감당 중이었다. 나도 잠만 자기 위해 들어간 '방'이었다. 내가 선택했으나, 나만의 방이 아니었다.

방에 들어가기 싫은 날에는 지칠 때까지 골목을 빙빙 돌았다. 런던의 어느 여름날 아침, 울프가 상쾌한 기쁨을 느끼며 걷던 모습과는 전혀 달랐다. 거리의 낯섦을 만끽했던 울프와 달리, 나는 내 방을 낯설어하며 방밖을 헤맸다. 나와 밥 먹을 사람, 함께 취할 사람을 찾았다. 학교 연구실에서 할 일 없이 밤을 새우고, 친구 집에서 잠을 잤다. 방 안에서 쉴 수 없어 피로하기만 했던 밤들. 영화를 보거나 전시를 보러 가는 날에는 들떴지만 좋아하는 것을 하려면 돈부터 계산해야 하는 세상을 알아갔다.

반년도 안되어 그 방을 나올 때까지 풀지 않은 짐이 있었다. 조금씩 모은 돈으로 반지하 방에서 반지하 집으로 들어갔다. 방 하나에 거실과 부엌이 합쳐진 반지하 집. 달라진 건 나 혼자 오롯이 이 공간을 점유할 수 있고, 그 방을 집이라고 부르기 시작했다는 것이다. 달라지지 않은 건 홀로 시간을 잘 견디지 못했다는 것이고. 친구, 동료 들과 술집을 전전하는 날이 이어졌고, 혼자 집에 있는 날에는 티브이나 라디오를 크게 켜두었다.

대학원을 마치고 대기업에 입사해도 반지하 탈출은 어려

였다. 대기업에만 입사하면 큰 창 밖으로 도시 야경이 보이는 오피스텔에서 살 줄 알았는데, 거대한 도시는 작은 몸 하나 들어갈 내 이름의 집을 쉽게 쥐여주지 않았다. 보증금도 몇 배, 월세도 몇 배인 오피스텔은 쳐다만 봐도 고개가 아플 지경이었다.

 회사에는 풍족한 경제력을 갖춘 부모를 가졌거나 학군지에서 나고 자란 동료들이 꽤 있었다. 영화 〈기생충(2019)〉처럼 반지하에 쿰쿰한 곰팡내나 시큼한 땀냄새 같은 건 없었지만, 반지하 특유의 습한 냄새는 날씨와 계절에 따라 신경 쓰였다. 누가 나의 반지하 냄새를 맡을까 싶어 겉옷들은 세탁소에 맡겼다. 출퇴근 때마다 섬유 탈취제와 비싼 향수를 아낌없이 뿌렸다. 그 집에서 공부하고 일하는 동안, 약간의 통장 잔고와 아토피를 얻었다. 야근하거나 조금만 피곤하면 얼굴에 뾰루지가 돋아났다. 피부와 머릿결을 보면 부자의 척도를 안다는데, 보기 좋은 옷은 입었을지 몰라도 피부와 머릿결은 점점 푸석해졌다.

 반지하는 1층도 아니고 지하도 아니다. 1층과 지하 사이의 경계에 있다. 모호한 층 사이에 숨어 있는 삶을 나는 발견했다. 평범과 가난 사이, 지상과 지하 사이, 꿈과 현실의 사이에 어중간한 삶. 반지하에 살며 가장 불편했던 것은 주거 환경의 불편함만은 아니었다. 일 년 내내 곰팡이가 올라올까 하는 염려, 햇빛이 들어오지 않아 환기되지 않는 방, 그런 것보다 반지하에 산다는 자체였다. 창의 크기나 개수가 문제가 아니라 창 안에 갇힌 마음의 문제였다. 창밖 너머까지 다다르지 않는 나의 시선. 반지하에서 평생 벗어나지 못할 거란 두려움, 사회에 대한 불만으로 스스로 감정 감옥을 만들었다.

2023년 2월, 한 언론사의 발표 자료에 따르면 반지하 생활자의 문제는 신체 질환 외에 우울증이 가장 큰 비중을 차지했다. 반지하에서 오래 산 사람일수록 우울증을 앓고 있거나 우려된다고 답했다.

1970년대부터 서울로 사람들이 집중되면서, 반지하 방은 부족한 거주 공간을 값싸게 늘리기 위한 해결책이었다. 1970년대 방공호로 만든 지하실을 개조한 모습을 닮았다. 1984년 주택법이 개정되면서 지하층 3분의 2 이상이 지하에 속하면,

용적물 제한에 포함되지 않는 보너스 공간이었다. 집마다 많게는 서너 개, 최소 한 개의 반지하 방을 만들어 월세를 받았다. 그렇게 반지하는 점차 저소득층의 일반적 주거 형태가 되었다.

아직도 서울시에 23만여 가구가 반지하에 산다. 그 집에 혼자 사는 여성은 안전하지 않다. 실제 누군가 창문을 통해 집 안을 훔쳐보거나 사진 찍는 일은 수없이 일어난다. 나도 길가로 난 작은 창문을 열었던 기억이 없다. 집 안 침입을 시도하는 사람마저 있다. 그래서 반지하 거주 여성들은 남자 신발을 현관에 두거나 속옷 빨래는 밖에서 보이지 않게 말린다. 늦은 밤 귀가할 때는 고양이 발소리에도 예민하게 반응하게 된다.

날씨와 기후 변화에도 민감해진다. 장마철에는 하루 열 번 넘게 강수량을 확인한다. 주거 취약 계층은 기후 위기에 가장 먼저 재난의 대상이 되기 때문이다. 2022년 여름, 집중 호우로 반지하에 살던 일가족 세 명이 갑자기 들이닥친 빗물에 탈출하지 못하고 사망했다. 영화 속 그들은 물속에서 살아남았지만, 현실에서는 살지 못했다. 물이 들어오고 벌레가 나오는 반지하에 살다가 몇십억 건물주가 되었다는 유명인의 뉴스를 본 적이 있다. 반지하 사람들이 그런 성공을 꿈꾸고 있을까. 1퍼센트의 성공보다 안전한 삶이 허락되는 보통의 집을 바라지 않을까.

반지하 집에서 물 전쟁을 치렀다. 퇴근 후 집 문을 열자 텁텁하고 낯선 공기가 덮쳤다. 온몸에 힘이 달아났다. 기운을 내어 성큼 방 안으로 들어갔더니 물이 발목까지 차 있었다. 움직일 때마다 물결이 찰랑거렸다. 형광등 불빛 아래 윤슬이라니. 해가 쨍쨍한 날이었으니 날씨 탓은 아니었다. 출근한 사이, 싱크대 수도관이 터진 것이다. 출근할 때 바닥에 둔 옷가지와 책이 물속에 잠겨 있었다.

겨우 물을 걷어내고 바닥을 말리기 시작했지만, 다시 장판을 깔기까지는 며칠이 걸렸다. 근본적으로 해결하려면 거실과 방의 바닥을 뜯어내고 공사해야 했다. 임시방편으로 싱크대 아래 큰 바가지 크기만큼 구멍을 뚫어 물을 한곳에 모이게 하고, 집주인 할머니가 아침저녁 집에 들러 물을 퍼 날랐다.
"공사하는 동안 우리 집에 한 달 있어. 불편하겠지만 어쩌

겠어."

처음 그 광경을 봤을 때는 웃음이 나왔지만, 그제야 눈물이 쏟아졌다. 열심히 공부하고 일해도 왜 나는 아직 반지하에 있을까.

그 길로 부동산으로 가서 월세 집을 알아보았다. 그동안 모아둔 전부를 보증금으로 넣고 계약한 집에는 방 두 칸, 거실, 베란다가 있었다. 살던 집에서 걸어서 5분 거리에 있는 구옥의 이층집. 내가 감당할 수 있는 현실적 비용에 조금의 이상을 보태어 찾아낸 지상의 집이었다.

보증금과 월세가 두 배는 비쌌지만, 반지하 집을 떠날 때였다.

낭만의 옥탑방

옥탑방은 현실보다
드라마 속에서 더 집다웠다.

◆

한여름 더위와 겨울 추위를 품은 옥탑방이 왜 청춘의 로망이 되었을까. 낭만적인 옥탑방의 등장은 인터넷 소설이 드라마화된 〈옥탑방 고양이(2003)〉부터 〈커피프린스 1호점(2007)〉까지 이어졌다. 〈옥탑방 고양이〉의 취준생 여자 주인공과 철없는 부잣집 남자 주인공이 동거 아닌 동거하는 배경이, 옥탑방이었다. 〈커피프린스 1호점〉 남자 주인공은 펜트하우스 같은 옥상층에 살았는데, 그 공간이 옥탑방의 허구를 만들어냈다. 호텔이나 아파트의 최상층에 있는 펜트하우스와 가까운 구조였다. 미디어의 조력으로 옥탑방은 낭만적 집의 상징이 되었다. 마치 가난한 청춘의 낭만적인 공간처럼. 옥탑 평상에 누워 하늘의 달과 별을 바라보는 드라마 장면은 자주 등장했다.

옥탑방은 거주 용도로 지어지지 않은 공간이다. 옥상에 시설물을 지어도 건축 면적의 8분의 1을 넘지 않으면 층수에 포함되지 않는다. 다세대 주택이나 다가구 주택의 옥상은 창고나 다용도실, 기계실 용도로 지어진다. 거주자가 빨래도 널고, 화초를 키우면서 마당처럼 사용하기 위해서다. 즉, 공용 공간이다. 그러다 집주인이 수익을 내기 위해 옥탑 공간을 고쳐 월세로 내놓기 시작했다. 집주인이 월세를 받고 세입자를 들이면서 옥탑방 입주자에게 옥상 독점 사용권을 줬다.

거주자에 따라 옥탑방은 다른 환경이 되기도 한다. 이웃과 마주치지 않고 옥상을 마당처럼 사용하고, 층간 소음의 피해에서 벗어나는 장점도 있다. 옥상 테라스에 정원을 가꾸거나 휴식을 즐길 수 있다. 도시 스카이라인이나 자연 경관처럼 주변 지역의 탁 트인 전망도 누린다.

오래된 건물이라면 노출된 들보, 기울어진 천장, 채광창과 같은 독특한 건축적 특징을 살려 매력적인 생활 공간으로 연출할 수 있다. 하지만 구옥 건물의 옥탑방은 여름에는 더 덥고 겨울은 더 춥다. 외부 온도와 기후 변화에 그대로 노출된다. 적절한 단열과 내구성을 가졌더라도 쾌적한 환경을 유지하기 힘들다. 바람과 비, 도시의 소음이 고스란히 집으로 전달된다. 또한 낮은 층수에 있는 옥탑방은 외부 건물로부터 시선 차단이 어렵다. 시선 차단용으로 대형 화분을 줄지어 두거나 커다란 수건을 일부러 걸어 놓는다.

〈커피프린스 1호점〉이 한창 방영될 때, 친구 한 명이 옥탑방에 살고 있었다. 건물주 자녀가 작업실로 쓰던 곳이었다. 엘리베이터가 없던 오래된 5층 건물의 옥탑이었는데, 6층이라고 해야 할지 5층과 1/2이라고 해야 할지 헷갈렸다. 그렇지만 그 옥탑방이 내 반지하 방보다 낭만적이라고 생각했다. 동네를 훤히 내다보며 맥주를 마실 수 있는 루프톱이자, 햇볕과 비와 눈을 만날 마당이 마음에 들었다. 반지하와 비교해도 기후재난에 더 안전해 보였다.

그러나 비가 무척 거세게 오던 날, 옥상의 작은 배수구가 막혔다. 떨어지는 비의 양과 속도를 따라가지 못하고 옥상에 물이 조금씩 고이기 시작하더니, 이내 옥상 전체에 물이 발목 높이만큼 올라왔다. 집주인에게 전화해 상황을 설명했지만 동네 집수리를 담당한 가게는 문 닫은 저녁이었다. 점검이든 공사든 비가 그쳐야 할 수 있다고 했다. 우리는 물위의 집에서 하룻밤을 보냈다.

다음 날, 집주인과 올라온 집수리 아저씨는 "이런 곳에 여자애들이 살아?"부터 물었다. 이곳저곳을 살피더니 배수로를 몽땅 뜯어냈다. 그동안 마음속으로 '이런 곳'과 '여자'와 '애들'을 되뇌었다. 회색 플라스틱 관을 무사히 옮겨 심은 후에 아저씨는 당부하듯 말했다.

"여기 철문도 내가 공사한 거야. 튼튼하다, 문 잘 잠그고 다녀. 내 딸도 부산에서 자취해."

옥탑방으로 올라가는 계단에 별도의 문이었다. 쇠창살처럼 세로로 길게 뻗은 중간에 큼지막한 자물쇠가 달렸는데, 밖과 안에서 모두 잠글 수 있었다.

그 후에도 우리는 옥탑에 모였다. 아저씨의 말을 대수롭지 않게 여기며 바람을 느끼고, 별을 보고, 빗소리를 들었다. 더운 날에는 활짝 문을 열어두고 잤고, 우리의 목소리가 옥상 밖으로 새어 나가도 괘념치 않았다. 부족한 살림살이와 식재료로 만족스러운 한 끼를 즐겼다. 집과 돈이 부족해도 내일은 더 나은 삶이 될 거라는 바람이 있었다.

그런데 '이런 곳'과 '여자애들'이란 말의 뜻을 깨닫게 된 일이 생겼다. 옥탑방에 누군가 다녀간 흔적이 발견되었다. 그날부터 우리는 스스로 목소리를 낮추었다. 여성 혼자 사는 일은 숨겨야 하는 일이었을까. 값싼 거주지의 취약함은 불편함만큼이나 불안과 불안전을 가져왔다. 보란 듯 남자 옷을 빨랫줄에 걸어 놓고, 속옷은 절대 보이지 않는 곳에서 말렸다. 우편물이나 택배도 남자 이름으로 받아야 했다. 일부러라도 남자 동기나 선배가 자주 들락거리는 집으로 만들었다.

리베카 솔닛이 『세상에 없는 나의 기억들』에서 말한 '소멸하는 방식'을 어렴풋이 알았다. 여자애들끼리의 시간은 사라졌다.

도시의 마지막 집

열심히 살수록
가난해진다는 말이 있다.

열심히 일해도 가난한 상태에서 벗어나기 힘든 이들이 있다. 이들을 도시 빈민이라 부른다. 최인기는 『가난의 시대』에서 '도시 빈민은 노동할 능력과 노동할 의사가 있는 경제 활동 인구임에도 사회 구조적으로 근대적 임금 노동 체계 외곽에 머무는 집단'이라 했다.

어느새 고시원은 도시 빈민의 최종 주거지가 되었다. 노숙과 주거 경계에 있는 고시원은 이제 낙후 시설이 많아 쪽방보다 못하다는 말도 나돈다. 수년 전 고시원에는 진짜 고시생이 살았다. 지금의 고시촌에는 공부하는 사람보다 오늘의 밥벌이를 걱정하는 저임금 노동자가 대부분이다. 고시원은 보증금이 거의 없다. 보통 방세는 월세로 내지만 일세를 받는 곳도 있다.

모든 세대의 소득이 늘어나는 동안, 20대 이하 소득만 줄었다는 뉴스를 보았다. 20대는 학자금 대출, 전·월세 대출 등으로 빚은 늘었으나 소득은 줄어 가장 가난한 세대가 되었다. 누군가는 "요즘 애들은 너무 편해서 그래. 몸뚱이 하나면 다 먹고 살았어"라고 한다. 그 애들은 "자신의 몸 하나 누이고 먹이고 입히기 위한 일이 이렇게 힘들어야 하냐"고 묻는다.

소셜미디어에선 20대가 가장 돈 잘 쓰는 세대처럼 보이지만 몇 장의 사진으로 그 세대를 단정할 수 없다. 대부분 2030은 15평 미만인 곳에서 거주하는 것으로 조사•되었다.

그중 고시원은 1.2퍼센트, 옥탑방과 같은 비거주용 건물 내 주택이 0.5퍼센트다. 전입 신고를 하지 않는 생활자의 성향을 고려하면, 실제는 더 큰 비중이라 추측한다.

고시원은 집일까. 집이라 할 수 있을까. 출퇴근 시간의 지하철을 제외하면 사회적 밀도가 가장 좁은 공간은 어쩌면 고시원이다. 합판 한 장으로 방을 나눠 옆방, 윗방, 아랫방 소리

• 1인 가구 트렌드 리포트 2023, 오픈서베이는 1인 가구 전국의 만 20~59세 남녀 5천 명(스크리너 조사 기준, 본조사 600명)을 대상으로 했다.

가 고스란히 새어 들어오고, 벽과 가구와 사물에 둘러싸여 틈 없는 공간이다. 생물학에 '혼잡성 스트레스 증후군(Crowding Stress Syndrome)은 동물 무리 내 밀도가 높아지고 혼잡도가 증가할 경우, 무기력해지고 번식력과 면역력까지 약화하는 반응을 말한다. 동물만이 아니라 인간도 마찬가지다. 사회적 밀도가 극도로 높은 곳에선 과민해지고, 불안과 두려움을 느낀다. 스트레스가 누적되면 극단적 폭력성마저 나올 수 있다.

학교 기숙사에 살던 대학원 언니가 그곳에서 나와야 하는 시기, 함께 고시원을 탐방했다. 월세보다 훨씬 적은 보증금으로 살 수 있는 곳은 고시원뿐이었다. 그때까지도 고시원에는 수험생만 사는 줄 알았다.

학교에서 가장 가까운 고시원부터 둘러봤다. 대부분 남자 대학생이나 대학원생이 살고 있었다. 집이나 방에 머무르는 시간이 적은 남학생들은 고시원에 짐만 놓고, 잠만 잤다. 다른 고시원에 비해 깨끗했으나 짐 없는 빈방도 무척 작았다.

"학생, 이제 방도 없어. 얼른 결정해야 해. 창문 있는 방 하나랑 없는 방 하나 남았는데, 창문 있는 방이 5만 원 더 비싸."

창문 있는 방이 마음에 들었지만, 월 5만 원은 부담스러웠다. 당시 학교 식당의 밥 식권이 2천500원이었으니, 스무 번의 끼니를 해결할 수 있는 액수였다.

두 번째 고시원은 학교 앞 큰 도로를 건너 조금 떨어진 곳에 있었다. 나오자마자 서울 곳곳에 갈 수 있는 버스가 있었다. 역시 남학생이 많았고 남자 직장인도 몇 명 보였다. 앞의 고시원과 월세는 같았으나 시설은 더 낡았다. 창문이 있는 방과 없는 방의 금액은 같았다. 왜일까 의아했지만, 창문을 열어보니 이해가 되었다. 바로 앞에 건물 벽이 있어 햇빛의 값이 매겨지지 않은 방이었다.

마지막은 지금은 개발되어 사라진 좁은 골목에 있었다. 학교 입구에서 걸어서 15분 정도 거리, 지하철역과 전통 시장 사이였다. 학교까지 가기엔 가까운 거리는 아니었지만, 10만 원이 더 쌌다. 그만큼 낡은 곳이었다. 입구부터 어두운 분위기에 방은 제대로 살펴보지도 못한 채 도망치듯 나왔다. 우리의 집은 어디에 있었을까.

언니는 학교 앞 고시원의 창문 없는 방에서 씩씩하게 1년을 살다가 미련 없이 학업을 포기했다. 안간힘을 다해 고향 집을 떠나왔던 언니는 그 집으로 돌아갔다. 아무리 버텨도 졸업과 서울 취직은 남의 일 같다고 했다.

언니가 고시원을 떠난 지 15년이 지났다. 그 사이 고시원 골목은 완전히 바뀌었다. 지금 그곳에 가면 거대한 변화의 시대를 실감하게 하는 풍광으로 어지럽다. 도망치듯 나왔던 고시원 동네는 강북의 삼성동이라 불리며 높은 건물과 아파트로 채워졌다. 다국적 기업이 뒷골목의 집들을 사들여 매끈하게 바꾸어 놓았다.

뒷골목 고시원의 방주인들은 어디로 갔을까. 재개발 후 실제 거주자가 입주하는 경우는 매우 드물다. 내 집이었더라도 억 소리 나는 새 아파트값을 감당하기 어렵기 때문이다. 그렇다면 주택 입주권은커녕 주거 이전비라도 받았을까. 주거 이전이 가능한 비용이었을까. 일자리를 따라 타 도시나 다른 동네를 떠돌던 이도 일정 나이가 되어, 익숙한 동네로 돌아오기도 한다. 이 동네를 떠났던 이들에겐 돌아올 곳이 영영 사라져

버렸다.

 남은 고시원도 싼값에 리모델링해서 고시텔이나 스테이라는 이름으로 간판을 바꾸었다. 대규모 자본에 속하지 못한 곳들이다. 그 이름을 검색해보니 스크린 속 부동산은 이런 표현을 내걸고 인근 오피스텔과 비교 홍보했다. 깨끗한 시설, 값싼 보증금, 관리비 0원. 라면, 시리얼, 원두커피 공짜. 그때나 지금이나 키 큰 성인 한 명이 생활하기에도 턱없이 작은 방이다. 여전히 한몸 간신히 눕고, 앉아서 조금만 움직여야 할 크기의 방. 깨끗해 보이는 실내는 사실 이삼십만 원도 안되는 비용으로 꾸며진 것이다. 좀 더 사정이 나은 고시텔에는 고시원과는 달리 방마다 화장실과 욕실이 있었다.

 이제 고시원은 '고시'원이 아니다. 대학원생, 사회 초년생, 일용 노동자나 외국인 노동자, 노인이 머문다. 각자의 사정과 상황이 있을 테다. 그 방에 사는 이유는 달라도 한 가지 공통점은 있다. 이들에게는 잠을 잘 방이 필요했다는 것. 고시원 풍경이 바뀌었지만 그때나 지금이나 고시원은 가난의 방이다. 돈이 없거나 돈이 벌리지 않는 이들이 산다.

UN 사회권규약은 모든 사람이 '익숙한 문화에 살 권리'를 보장받을 수 있으며, 국가에 요구할 수 있는 권리라 규정한다. 개인이 자신의 문화, 전통, 생활 양식을 자유롭게 누릴 수 있도록 국가가 사회적 보장책을 마련해야 한다는 취지다. 우리에게는 살았던 동네에 살 권리가 있다. 규약 밖 사회에서 돈 없는 개인은 원하는 도시에 살 권리, 더욱 나은 환경에 살 권리를 주장하기 힘든 것일까.

축적된 자본이 없다는 책임을 개인의 무능력과 불운으로만 여길 수 없다. 선택할 수밖에 없던 집. 누군가에겐 마지막 방이 누군가에겐 시작하는 집이 될 수 없을까.

벽돌집 노스텔지어

진짜 독립은
붉은 벽돌집에서 시작되었다.

♦

오랜 시간 여러 색깔로 덧입혔을 파란 대문이 있던 벽돌집. 집주인 부부는 1층, 나를 포함한 2가구는 2층, 반지하에도 1가구가 사는 다가구 주택이었다. 2층으로 올라가는 계단참은 마치 궁의 월대를 닮았다. 달 월(月) 자를 사용하는 예쁜 이름의 월대는 건축물의 높이를 결정하는 요소인데, 아마 집을 지을 때 계단의 길이와 위치가 어정쩡하여 월대처럼 별도의 받침대를 만든 것 같다.

"이 집에 살던 사람들은 다 잘되어 나갔어."

계약서 도장을 찍던 날, 집주인 할아버지는 그것이 자신의 능력인 듯 말했다.

"이제 여기 살면서 돈만 모으면 되겠네. 돈 모아서 집 사서 나가."

매달 직접 집 문을 두드리며 수도세, 전기세 10원 단위까지 수금했던 할아버지의 생활에서 숫자는 가장 중요한 지침표 같았다.

붉은 벽돌집은 도시 한옥과 문화 주택을 거쳐 지어지기 시작했다. 1960년대 이후에는 연립 주택, 빌라와 맨션, 아파트가 지어지면서 주춤해졌다. 그러다 1990년 서울 인구가 863만 명에서 1천만 명 이상으로 급격히 증가할 무렵이었다. 인구와 소득은 늘었으나, 주택 공급은 부족해 이삼 년 사이 아파트값이 서너 배 올랐다. '주택 100만 호 건설'처럼 공급 위주의 정책을 펼친 영향으로, 붉은 벽돌로 지어진 다세대 주택이 다시 증가했다.

벽돌집은 겨울에는 춥고, 여름에는 더운 정직한 집이었다. 그렇지만 진짜 내 집이 생겼으니 춥고 더운 것은 견딜만했다. 이제까지의 집이 하우스(house)였다면 이제야 홈(home)이 되었기 때문이다. 사회생활과 거리를 두면서 내가 나를 돌봐야 한다는 것을 깨닫게 해준 집이다. 그 집에서 주체적으로 시간과 공간을 쓰면서 내 삶을 살아가기 시작했다. 주말이면 한낮까지 늦잠을 자고, 온종일 뒹굴었다. 밤마다 책을 읽고 영화를 보고 음악을 들었다. 더는 집밖에서 배회하는 인간이 아니었다. 학업과 직업이 아닌 온전히 나를 위한 시간을 집에서 보냈다.

문밖 골목에서 왁자하게 떠드는 소리가 자주 건너왔지만, 큰 창 너머 소리이기에 괜찮았다. 덜거덕대는 나무 창틀이었던 서향의 큰 창을 통해 햇빛이 쏟아져 화분도 잘 자랐다. 늦잠과 게으름을 즐기는 나에게 어울리는 창문이었다. 화장실의 작은 창은 환기를 시키기에 부족했고, 세탁실과 이어진 베란다의 창은 삐걱거렸지만 이 집의 모든 창이 마음에 들었다. 나른한 늦은 오후의 햇빛이 오래도록 머무는 방, 그 빛 아래 작은 책상에서 책 읽는 일을 사랑하게 되었다.

집(home)은 개인을 안전하게 보호하고 편안함을 준다. 안락함 이상의 자유와 독립을 느끼게 한다. 혼자 생활하더라도 가족이나 친구를 자유롭게 초대하고 환영할 수 있는 공간이다. 개인의 사적인 공간이면서 동시에 사회적 역할도 담당하고 있다는 의미다. 집은 집밖의 커뮤니티와 관계를 형성하기도 한다.

내게도 집이 생기니 동네도 따라 생겼다. 집에서 몇 걸음 걸으면 작은 로터리가 나온다. 로터리를 중심으로 슈퍼, 미용실, 세탁소, 카페가 있다. 좀 더 걸으면 문방구와 분식집이 보인다. 퇴근길에 배가 고프면 들르는 밥집, 친구와 술 한잔하는 단골 가게도 생겼다. 가끔 친구나 동료를 집으로 초대하기도 했다. 집을 중심으로 사회적 관계를 형성하며 동네를 재발견하기 시작했다. 동네는 분명 장소로서 특수성을 가진다. 특정한 시간 속에서 켜켜이 쌓아온 개인의 경험과 사회적 관계가 공간을 장소로 바꾼다.

아파트 키즈로 자라 주택가는 익숙한 풍경은 아니었다. 기껏해야 어릴 적 동네 친구들과 학원가 주변을 오가던 기억뿐이었으니 말이다. 영화나 드라마에서 본 골목의 추억은 내 것은 아니었다. 처음에는 좁고 굽이진 골목 사이에 집들이 생경했다. 밤에 보면 무섭기도 했다. 점차 동네에서 시간을 보내며 겹겹이 골목에 질서정연하게 들어선 벽돌집 모습이 정겨워졌다. 비가 오면 발개지고 해가 쨍하면 복숭아색이 되는 집. 여름과 겨울이 다르고, 낮과 밤이 다른 붉은색이 모인 골목. 나에게 장소에 대한 애정이 갑작스레 생겨난 걸까. 이-푸 투안(Yi-Pu Tuan)이 『공간과 장소』에서 말한 '장소 애착'이 이러한 개념이다. 시간의 길이와 관계없이 개인의 장소적 경험으로부터 생겨나는 유대감. 지금도 붉은 벽돌집을 떠올리면 아련

한 기분이 든다.

 나만 노스탤지어를 느꼈던 것은 아니었다. 세대 구분 없이 붉은 벽돌집을 새롭게 소비하기 시작했다. 서울 내 붉은 벽돌집이 있던 동네의 골목은 급속하게 개발되기 시작했다. 성수동, 상수동, 연남동, 망원동, 후암동. 지금은 청파동과 중리동의 구옥도 도시 재생이라는 명목으로 재생산되고 있다.

 공간이 자본에 의해 재생산되면, 외부에서 많은 사람이 찾아든다. 카페, 편집숍, 서점 등의 소비 공간이 원래 그 집의 자리를 차지한다. 결국 그 집에 살던 사람은 떠나게 된다. 집주인보다 먼저 자리잡았던 임차인이 떠나기도 한다. 골목의 풍경이었던 감나무나 목련나무도 사라진다. 모두 쫓겨나가는 것은 아닐 테다. 일부 원주민은 자본을 얻어, 자발적으로 다른 동네로 떠나기도 한다. 혹은 직접 공간을 재생산해 자본을 더 벌기도 한다. 이렇게 저층의 붉은 벽돌집이 있는 골목은 일명 뜨는 골목이 되었다. 투자하기 좋은 동네를 살피려면 붉은 벽돌집이 어느 골목에 얼마나 있는지 보라는 말마저 생길 정도였다.

책방연희가 있는 서교동과 연남동 일대도 벽돌집, 시멘트집 할 것 없이 작고 다양한 가게들로 가득 찼다. 서울숲길 일대는 붉은 벽돌 건물에 공방과 갤러리가 들어서면서 '아틀리에길'이라는 별칭도 생겼다. 이 길이 있는 성동구는 더 적극적으로 붉은 벽돌 건축물을 건축 자산으로 보전하고자, 2017년 '서울특별시 성동구 붉은 벽돌 건축물 보전 및 지원 조례'를 제정했다.

최근엔 용산이 붉은 벽돌 건물이 있어 뜨는 동네가 되었다. 그리고 용리단길이라 불리게 되었다. 남산 아래의 후암동, 인천의 중앙동, 수원의 행궁동도 그렇다. 지금 뜨는 동네에는 붉은 벽돌 외형에 나무 가구와 선반으로 꾸며진 실내 장식이 보인다. 상황이 이렇다 보니 리모델링하거나 신축 건물을 지을 때 아예 붉은 벽돌로 짓기도 한다.

고향이란 개념이 없는 세대도 왜 붉은 벽돌집에 노스탤지어를 느끼게 된 것일까. 빈번한 이동과 이주의 영향으로 어린 시절의 고향 집이나 애착 장소에 연연하지 않는 이들인데도 말이다. 붉은 벽돌 자체가 갖는 건축적 매력은 분명히 있다.

벽돌을 쌓는 방식에 따라 건물의 외관은 완전히 달라진다. 매스감만 갖는 것이 아니라 빛과 그림자까지 조절할 수 있기 때문이다. 나름의 규칙을 가지고 열린 공간과 닫힌 공간이 반복되는 골목은 누구에게나 매력적으로 다가오기 마련이다. 게다가 잘 익은 복숭앗빛, 사과 빛을 띠는 붉은 벽돌의 색은 시각적 풍요로움도 안겨준다. 그럼에도 미디어에 의해 노스탤지어가 학습된 것은 아닐까 의문이 드는 것도 사실이다.

내가 살았던 동네에도 카페와 작은 가게가 집 사이사이 빼곡히 들어섰다. 아직 대학이 굳건히 버티고 있기에 자취방과 하숙집으로 사용하는 붉은 벽돌집이 남아 있지만, 언젠가 허물어질 것이다. 더 많은 방을 가진 원룸, 취향을 드러낸 작은 상점이 그 자리를 차지할 것이다.

모든 골목이 무슨 리단 길이 될 필요는 없다. 붉은 집들이 골목을 이루는 곳마다 도시의 무장소성이 침입하지 않았으면 한다.

미래의
원룸

거주 형태는 개인의 생애 주기와
사회적 변화와도 연결된다.

◆

한 사람의 인생 흐름은 그가 머문 집의 변화와도 닮았다. 개인은 주거 선택권이 없는 아동기, 청소년기를 지나 대학에 진학한다. 졸업 후에는 일자리를 찾아 집을 떠난다. 그래서 혼자 사는 청년층 중 1인 가구 비율이 높다.

결혼의 감소와 결혼 연령기가 높아짐에 따라 3040의 1인 가구도 늘고 있다. 2023년 기준, 평균 초혼 연령이 남성은 33.7세, 여성은 31.3세로 조사되었다. 나 역시 34세에 2인 가구, 39세에 3인 가구가 되었으니 평균을 넘는다. 지역이나 학력, 직업에 따라 차이가 있으나 체감 나이는 더 높게 느껴진다.

예전에는 같은 도시에 살면 결혼 전까지 부모와 자녀가 함께 살았다. 최근에는 같은 도시, 같은 동네에 살더라도 별도의 주거 공간에서 생활하는 편이다. 결혼하지 않아도 일정 나이가 되면 독립해서 혼자 사는 서구식 문화가 자리잡은 것이다. 반면 경제적 능력과 자립심의 부족으로 부모에게 의존하는 캥거루족, 독립했다가 다시 부모의 집으로 들어가는 리터루족도 늘고 있다. 그러나 대체로 개인은 성인의 나이가 되면 독립을 원한다.

최근 몇 년 사이, 한국에서 1인 가구 비중은 꾸준히 늘고 있다. 2010년대 중반과 비교하면 크게 증가했다. 그 변화에는 젊은 세대와 고령층이 함께 영향을 미쳤다. 30대 남성의 1인 가구가 많아지는 한편, 고령화로 홀로 사는 노인 인구도 눈에 띄게 늘었다. 40년 전 평균 수명 60세에서 2024년엔 80세가 되었다. 10년 후엔 더욱 급속히 늘어날 것이다. 의료 기술 발달로 생명 연장의 시대가 되었고, 자녀가 성장하며 도시 이주는 보통의 일이 되었다. 특히 서울은 1인 가구 비중이 전체 가구의 3분의 1을 넘을 정도로 높다. 30대 사회 초년생이 가장 큰 비중을 차지하고, 그 뒤를 40대가 잇는다. 이제 '나 혼자 산다'는 특별한 생활 방식이 아니다. 세대를 아우르는 보편적인 생활이다.

이처럼 1인 가구가 급속도로 증가하면서 경제 산업도 변화하였다. 주거 시설이나 라이프스타일 관련 산업도 바뀌었다.

원룸이나 오피스텔, 작은 평수의 주거 시설이 늘었고, 풀옵션이나 1인 생활자를 위한 가구도 다양해졌다. 동네 편의점에도 과일이나 채소는 1인용으로 판매한다.

1인 가구의 주 거주 형태는 원룸이다. 한 개의 방과 욕실로 구성된 형태로, 그 방 안에 침실과 부엌과 수납공간까지 있으나 공간 분리가 되지 않은 집이다. 원룸은 교통이 편리한 동네나 대학교 인근, 기업이 밀집한 지역에 많다. 동네는 달라도 원룸의 규모나 형태는 엇비슷하다. 방이 정사각형인지 직사각형인지, 현관과 창문이 어느 방향으로 나 있는지 정도만 다르다.

원룸 건물의 한 층에 적게는 2가구, 많게는 4가구가 산다. 사회 초년생이 오피스텔이나 아파트보다 적은 보증금과 월세로 거주하기 좋은 곳 중 하나다. 최근 지어진 원룸에는 1인 생활에 필요한 모든 가구를 갖춘 곳이 많다. 그렇다고 무척 살기 좋은 주거 형태라고 하기는 어렵다.

월세 수입을 얻기 위해 한 명이 여러 개의 원룸을 가진 경우가 늘었다. 원룸을 전세로 운영하며 전세 보증금으로 다른 매물을 사거나 다른 곳에 투자하기 위해서다. 고정적으로 현금을 벌 수 있어 투자의 대상이 되었다.

2015년, 전세 자금 대출이 통합되면서 대출 기준이 완화되고 금액도 올랐다. 이후 전세 대출이 증가했다. 투기나 투자도 늘었다. 집값이 계속 오르면 문제가 적었을까. 2019년 주택 가격이 하락했고, 2024년 또 하락했다. 이에 전세 보증금이 주택 매맷값보다 높아진 깡통전세와 역전세가 발생했다. 또는 계약 기간이 종료되어도 보증금을 돌려받지 못하는 일이 생겨났다. 원룸과 오피스텔은 2022년부터 기승을 부린 전세 사기의 대상이었다. 이렇다 보니 전셋집을 구할 때 주의해야 할 사항(실소유주 확인, 근저당 확인, 특약 사항 확인, 이중 계약 확인 등)이 공유된다.

책방에서 알게 된 독자 한 명은 서울에 홀로 상경해 4년제 대학을 졸업하고, 중견 기업에 취업했다. 대기업 입사를 꿈꾸며 수십 곳에 이력서를 넣었으나 현재 회사에 만족해야 했다. 그도 대학 입학과 동시에 주거 독립을 이루었다. 나처럼 기숙사와 붉은 벽돌집에서 대학 생활을 했고, 취업과 동시에 신축 원룸으로 이사했다. 주거 비용을 아끼고 월급을 모으기 위해 회사에서 직원 대상으로 한 대출과 금융 기관 대출을 받아 전세로 입주했다. 부동산 중개 수수료가 부담되어 직거래나 앱 사용을 고려했으나, 안전한 동네 토박이 부동산을 택했다. 등기부 등본과 계약서를 꼼꼼히 확인했고, 이삿날에 전입 신고와 확정 일자도 받았다. 별다른 문제 없이 살며 2년이 지났다.

계약 종료 3개월 전, 그는 집주인에게 이사를 전했다. 이삿날에 보증금을 반환받기로 했는데, 그날이 다가올수록 집주인과 연락이 닿지 않았다. 문자 다섯 통을 보내야 겨우 한 통을 받을 수 있었단다.

'사장님, 지금 부동산에 와 있습니다. 연락 주세요.'

부동산에 앉아 몇 통의 전화와 문자를 했을까. 집주인은 연락이 끝내 되지 않았다. 며칠 후, 문자 한 통만 도착했다. '나 돈 없어요. 법대로 하세요'라는 내용이었다.

보증금은 당연히 돌려받는 돈이라 생각했다. 계약서도 확정 일자를 받은 것도 당장에 소용이 없었다. 그 후로 매달 대출이자를 내며 임차권 등기 명령을 신청하고, 내용 증명을 보냈다. 혼자 민사 소송을 진행했다. 법은 개인을 지켜준다는데 개인이 법을 이용하긴 간편하지 않았다. 수많은 서류와 시간과 감정이 들었다.

정부도 주거 안정을 위한 지원 사업 등 여러 모색을 하고 있으나, 여전히 그와 같은 청년이 셀 수 없다. 이제 사회 초년생이 집을 구할 때 부동산 중개인에게만 맡기지 않는다. 조언이나 실제 도움을 주는 민간단체도 생겼다. 온라인 검색과 지인을 통해 정보를 수집하고, 법 조항을 살핀다. 생존을 위해 보통의 개인이 법을 공부하고 대응해야 하는 시대다.

독자는 아직 원룸에 산다. 오랜만에 서점에 들러 '편하게 밥 먹고, 잠들 수 있는 집 하나' 얻기 어렵다고 했다. 그에게 김유담의 『스페이스 M』을 건넸다. '열심히 벌어 멀쩡한 집이라도' 부제가 큼직하게 써 있는 책. 그저 웃자고 권해준 소설 속 하나처럼, 독자는 자신의 신체를 줄여서라도 멀쩡한 집에 들어가고 싶어 했다.

누구에게도 "전세 대신 월세 살아"라고 할 수 없다. 한 달에 50만 원에서 보통은 70만 원, 많게는 100만 원 넘는 월세를 사회 초년생이 감당하기 어렵다. 전세든 월세든 주거비는 비슷해야 주거 위험을 낮출 수 있고, 무리한 대출이 줄어들 수 있다.

　요즘 인구 추세라면 2050년 한국에서 1인 가구가 보통의 유형이 될 것이다. 국민 평수라고 불리는 면적도 30평대가 아니라 18평대로 줄지 모른다. 물론 한국 특유의 전세 제도가 사라지지는 않겠다.

　원룸이 효율적인 주거 형태가 될 수 있지 않을까 가늠해본다. 미래에는 나도 당신도 원룸에 살 수 있다. 원룸을 사회 초년생을 위한 값싼 집으로만 보지 않아야 한다. 청년부터 노인까지 필요한 주거 규모이자 대안일 수 있다. 사회 시스템이 이를 보완하면서 협력할 공적 공간을 함께 고민해야 한다.

살기 좋은
빌라촌은 어디에

집의 형태가
마치 부모의 책임이 되는 사회다.

◆

 한국의 빌라는 대체로 4층 이하의 소형 공동 주택이다. 1970년대 이후 맨션이란 이름의 주택이 있었으나 빌라로 더 많이 지어졌다. 원래 '빌라'라는 단어는 고대 로마 농지를 뜻하는 villa에서 유래했다. 로마 시대 귀족들이 소유한 농지와 그 땅을 관리하는 저택을 '빌라'라고 불렀다.

 빌라가 모여 있는 동네를 빌라촌이라 한다. 아이러니하게도 빌라(villa)에서 마을(village)이 파생되었다. 한국어로 빌리지는 마을이나 커뮤니티 느낌을 강조하는 상업적 의미로 쓴다. 빌라가 밀집한 지역에 촌(村)이라는 표현이 붙지만, 마을은 아니다. 마을에는 '모여 산다'는 의미가 있으나 빌라촌은 아파트보다 더 분절되어 있다. 마을에는 집과 집을 연결하는 골목이 있고, 마당과 놀이터가 있다. 마을을 구성하는 사람들이 보인다.

 반면 빌라촌에는 '집'만 있다. 빌라 앞 골목은 차와 사람이 바쁘게 움직이는 통로일 뿐이다. 머무를 마당도 아이들이 뛰어놀 놀이터도 없다. 마을 사람과 연결될 수 있는 골목이 없으므로 사람 교류가 거의 없다. 빌라촌은 마을이라기보다 가구 수만큼의 섬이 모여 있는 듯하다.

1960년대 인구 증가에 따라 판자촌, 단독 주택과 다세대 주택이 빌라로 재개발되었다. 지금이야 재개발하면 아파트 단지를 떠올리지만, 당시 빌라촌 개발이 많았다. 붉은 벽돌집도 미처 상업 공간이 되지 않는 자리에는 빌라를 짓는다. 자본을 불리기 위해 빌라는 꽤 효율적이기 때문이다. 오피스텔과 비교하면 전용률이 높고, 원룸보다 면적이 넓어 제대로 공간의 역할을 분리할 수 있는 구조다. 또한 면적 대비 아파트보다 집값과 관리비가 저렴하다. 빌라 근처에 편의점, 세탁소, 커피집 등 상업 공간과 편의 시설도 있다.

대학원 입학을 앞두고 친구와 빌라에 살던 때가 있었다. 사실 함께라기보다 친구에게 의탁해 지냈다. 친구의 집은 신축 건물이라 깨끗했으나 반지하 같은 1층에 있었다. 빌라가 지어진 땅이 경사가 급한 언덕이어서 입구는 1층, 잠을 자던 방은 지하층이 되었다.

빌라에 사는 가구 형태는 1인 가구부터 4인 가구까지 다양하다. 그런데 한국 사회는 빌라에 사는 사람을 아파트에 입성하지 못한 사람으로 본다. 아파트값이 부담스러워 빌라에서 시작하려는 신혼부부에게는 이런 말을 스스럼없이 한다. "빌라는 값이 안 올라. 사면 안 돼"나 "무리해서라도 아파트로 가야지"라고. 작은 아파트를 팔고 더 넓은 빌라에 안착한 한 가족은 10년이 지나도 이런 소리를 듣고 있다. "아파트 팔지 말랬잖아. 어떻게 아파트를 팔아 빌라를 사?"

유은실의 『순례 주택』은 제목 자체가 공간적 배경이다. 순례 주택은 거북역 3분 출구에서 도보로 5분 거리, 대지 면적 72.5평에 필로티 구조의 4층 건물이다. 흔히 말하는 빌라다. 주인공 수림의 엄마는 순례 주택으로 대변되는 빌라촌을 싫어한다. 빌라촌 아이들은 관리가 잘 안 되는 게 사실이라며 그들과 어울리는 걸 걱정한다. 집값도 싸고 시설도 좋은 순례 주택이 인근 새로 지은 고급 아파트값을 떨어뜨리는 흉물이라고 생각한다.

빌라촌에서는 아이를 키우기 어려운 걸까.

"아이와 놀이터에 가려면 한 시간은 걸어가야 해요."

빌라에 살며 세 살배기 아이를 키우던 동네 엄마는 자신을 '아파트 병'에 걸렸던 사람이라고 했다. 매일매일 부동산 앱으로 아파트값을 살피는 것이 취미였다. 얼마를 벌고 모아야 어떤 아파트 전세로 이사할 수 있을까, 어떤 아파트를 살 수 있을까, 매일 살폈다고 했다. 18평이나 25평이면 감지덕지라고 생각했다.

빌라 밖으로 아이를 데리고 나온 날이 손을 꼽을 정도라고 했다. 좁은 골목에 차가 다니고, 길이 평평하지 않아 유아차를 끌고 다니기도 힘들었다. 빌라 밖은 위험했고 불편했다. 빌라 근처에 놀이터도 없고, 키즈 카페도 없었다. 또래 아이를 키우는 엄마들과 만날 기회도 없었다. 아파트에 살아야 마음껏 놀 공간이 있을까. 아이 놀이에도 돈이 필요해졌다. 가까운 놀이터와 키즈 카페에 가려면 차량이 필요했고, 운전해 가도 주차할 곳이 마땅치 않았다.

그 엄마는 누가 뭐라 하지 않아도 자꾸 위축되었다고 했다. 누군가 "이런 곳에서 어떻게 아이를 키워"라고 할 것만 같아서였다. 아파트에 살지 못하기 때문에 힘든 것이 아니었다. 부모로서 자격이 없다는 자책감이었다. 그 엄마는 경제적 위험과 심리적 부담을 안고 아파트로 입성했다.

"빚을 내도 안 되겠더라고요. 시부모님 집이랑 우리 집이랑 합쳐서 아파트로 이사했어요."

이제 아파트 단지 내 어린이집에 아이를 보내고, 놀이터와 산책로를 이용할 것이다.

빌라촌이라고 다 아이를 키우기 마땅치 않은 것은 아니다. 모든 엄마가 빌라 생활을 불편하게 느끼는 것도 아니다. 아이들도 안다. 좋고 비싼 집이 무엇인지. 아이들은 분명히 안다. 그런 집이 부모의 모든 것이 아니라는 것을. 집의 크기가 부모의 크기를, 집값이 부모의 가치를 나타내는 것도 아니다.

순례 씨의 말처럼, 부모로서 책임이란 '자기 힘으로 살아보려는 애씀'이 아닐까. 집이 아니라, 삶을 지탱해보려는 애씀과 애정이 아이에게 가장 큰 울타리가 될 것이다. 울타리의 크기와 깊이를 타인이 정하는 사회가 아니기를 바란다.

아파트 키즈가 추억하는 집

아파트는 우리 시대의 집이다.

◆

아파트 안에는 수많은 이야기가 켜켜이 쌓여 있다. 은희경의 「아내의 상자」에는 아파트 생활의 고립과 소외를 느끼다가, 아파트 벽이 온몸의 수분을 빨아들여 몸이 말라비틀어진다고 말하는 여자가 등장한다. 이처럼 80년대까지만 해도 아파트에 살면 육체와 정신이 피폐해진다고 생각하는 이들이 있었다. 아파트는 편리성, 환금성의 집이면서 메마른 인간 삶을 상징했다.

지금은 아파트의 시대다. 10세대 중 6세대가 아파트에 산다고 하니 한국의 주거 형태가 된 셈이다. 결혼한다고 하면 어디 아파트에 살 것인지 묻는다. 집을 산다거나 이사한다고 해도 어느 아파트인지 묻는다. 이러니 영화 〈84제곱미터(2025)〉 주인공처럼 결혼을 앞두고 빚을 내어 국민 평형 아파트를 장만해야 할 것만 같은 사회적 압력을 느낀다. 나 역시 그랬다. 경제적 독립을 하고 제도권에 들어오며 목표는 단 하나였다. 내 집 마련, 내 아파트 마련. 언제든 퇴사하고 어디든 떠날 수 있다며 자유로운 척 살았지만, 이왕이면 이름 있는 아파트에서 정주하길 바랐다. 발터 벤야민(Walter Benjamin)이 말했다. 사람이 사물과 가장 깊은 관계를 맺을 수 있는 건 소유라고. 나도 '나와 집'의 깊은 관계를 위해 집을 소유해야 했다.

내 기억 속의 첫 집은 5층 주공아파트다. 유년의 기억이 시작된 아파트. 그렇지만 그 동네를 고향이라 생각하지는 않는다. 도시의 온갖 집에서 자랐고, 도시의 온갖 장소에서 내가 되었다.

나에게 주공아파트는 시인의 노랫말처럼 '차마 꿈엔들 잊힐 리야'까지는 아니어도, 내 삶의 한 시절을 품은 자리였다. 어린 시절에 대한 좋았던 추억과 스산한 기억을 모두 가진 집이었다. 인간의 기억은 선택적이므로 집에 대한 기억이 가난만은 아니다. 애매하게 가난한 이들이 모여 살았기에 그랬을 것이다.

5층짜리 주공아파트는 지금의 아파트 단지와는 달랐다. 내 또래의 아이들이 많이 살았다. 주공아파트가 보통의 4인 가구를 위해 기획한 서민 아파트였기 때문일 것이다. 공동체 의식도 지금보다 살아 있던 시절이라 옆집 아이와 윗집 아이가 서로의 집을 들락날락했다. 이집 저집에서 놀다 때가 되면 함께 밥을 먹었다. 현관문을 열고 지내 어른들끼리 동네 친구가 되기도 했다.

가장 기억에 남는 곳은 집 안의 공간이 아니었다. 아파트 뒤편에 넓은 풀밭과 얕은 오르막길이 있던 곳에서 난생처음 두발자전거를 탔고, 네잎클로버를 찾아냈다. 무엇보다 친구들을 좋아하기 시작했다. 나와 또래 아이들은 봄여름 내 토끼풀을 꺾어 반지와 왕관을 만들며 놀았다. 토끼풀 사이사이 애기똥풀도 많았다. 양귀비와 매미꽃을 닮은 애기똥풀은 토끼풀보다 꽃잎이 잘 떨어져 꽃반지나 꽃팔찌를 만들기는 힘들었지만, 예쁜 돌로 노란 꽃잎을 빻아 손톱 위에 올렸다. 반짝이는 장난감은 없어도 동네의 자연이 우리의 장난감이었다.

동네에서 만나 놀던 친구들과는 같은 학교에 다녔다. 1학년부터 3학년까지 오전반과 오후반 2부제로 운영되었다. 그때 학교마다 학생 수가 많았다. 지금과 같은 저출산으로 인한 폐교는 상상하지 못했다. 오전에 등교하면, 오후에 피아노 학원에 들렀다가 동네 친구들과 놀았다. 학교를 오후에 가는 날에는 미술 학원부터 갔다. 그리고 동네 친구들과 시간을 보내다 함께 학교에 갔다. 종종 책방과 비디오테이프 대여점에 들렀다. 학원 가는 길, 슈퍼 가는 길, 놀이터 가는 길, 어느 길에서도 아는 사람을 빈번하게 만났던 시절이다.

이후 수많은 아파트로 이사했다. 주민 등록 초본을 발급하면 몇 장을 넘겨야 할 정도로 이사의 흔적이 남아 있다. 같은 아파트에서 평수를 줄이거나 더 값싼 인근 아파트로 옮기기도 했다. 나의 의견은 전혀 상관없이 이사해야 할 때면 '우리 집'이 아니라 '내 집'을 갖고 싶었다. 당연히 내 집을 가질 수 없던 나이였으므로 내가 살고 싶은 집을 종이에 자주 그렸다. 이 반복적인 행동이 수년 후의 건축학과에 입학하게 된 계기였을까.

내 집 마련은 어제오늘의 꿈이 아니었다. 부모 세대부터 평생의 목표이자 일을 하는 이유였다. 그 시절 부모들은 청춘을 받쳐 일을 하며, 안 쓰고 모은 돈으로 아파트를 마련했다. 그러나 지금의 젊은 세대에게 내 집 마련은 점점 더 멀어지는 꿈만 같다. 요즘 3040대는 영혼까지 끌어모아 내 집 마련에 열심이지만, 20대는 영혼을 팔아도 집은 못 살 것이라 한다.

서울에서 국민 형이라 여겨지는 30평대 아파트를 사려면 지역에 따라 5억에서 20억까지 차이가 있다. 10억이라고 가정했을 때, 연봉 5천만 원의 직장인이 100원도 쓰지 않고 20년을 모아야 살 수 있다. 5억 아파트도 10년이나 걸린다. 10년 동안 아파트 시세가 그대로이고 나의 연봉이 지속적으로 오르면 다행이지만, 이는 일어나지 않을 일이다.

상황이 이러하니 서울이 고향인 사람이나 서울에 부모님이 산다는 것은 내 집 마련에 이미 한 단계 유리하다는 의미다. 불편한 사실이다. 학교에 다니거나 직장을 얻은 후에도 부모의 집에서 살며 생활비를 쓰지 않거나 아끼면 모으는 돈의 크기가 달라진다. 부모가 어디 사는지, 집을 소유했는지에 따라 자녀에게는 좀 더 기회가 생긴다. 동거는 원룸에서 해도 결혼은 아파트에서 시작해야 한다고 생각하는 세대는, 집 없으면 결혼도 안 하고 아이도 안 낳는다. 실제로 결혼 후 자녀 출산 계획에 주택 소유의 여부가 큰 요인으로 작용한다. 무주택 부부는 유주택 부부보다 출생아 수가 평균적으로 낮다. 결혼할 때도 아파트를 사줄 수 있는 부모와 없는 부모로 나뉜다니, 마치 아파트가 자본을 등에 짊어진 기준처럼 되었다.

아파트가 보장하는 편리성이나 안전성, 환금성 같은 장점에 대해 알고 있다. 그 안에서 우리가 누리는 효율적인 생활을 무시할 수 없다. 정책의 중심은 물론 개인의 인생을 좌우하기까지 된 아파트. 왜 아파트가 값으로만 환산되는 욕망의 대상이 되었을까.

우리가 사는 집이 다양해지면 욕망이 다양해질지, 사람의 욕망이 다양해지면 집의 모양이 다양해질지 알 수 없지만, 숫자만 쫓아가는 삶을 원하지 않는다.

정상 가족의
욕망이 된 아파트

아파트 이름이
계층의 구분이 되었다.

◆

사회는 부모와 자녀로 구성된 4인 가족을 정상 가족이라 여기고, 아파트는 정상 가족의 집으로 보인다. 아직도 아파트 광고를 보면 행복해 보이는 가족이 등장한다. 사회적 성공을 이룬 듯한 부부가 가족으로서의 출발을 알리거나 부모와 자녀의 행복한 모습뿐이다. 정말 아파트는 정상 가족을 위한 집일까. OECD 국가 중 한국은 최악의 출산율을 기록하고, 정상 가족 해체, 비혼 인구 증가, 1인 가구 증가에 들어섰는데 말이다.

내가 사는 아파트에도 정상 가족이 많아 보인다. 아파트 커뮤니티 자체가 정상 가족을 중심으로 움직이기에 그렇게 보일 뿐이다. 어린 시절 살았던 주공아파트에서 나의 가난은 가난이 아니었고, 내 가족도 행복한 가족으로 보였던 것처럼. 이처럼 아파트는 착시를 만든다. 경제력과 생활이 닮은 사람들끼리 모여 있기 때문이다.

비슷해 보이는 삶은 개인이 원하는 것들을 잊게 한다. 원하는 것이 생겨도 나를 위한 것인지 알 수 없다. 어떤 집에서 살든 각자의 다름을 다르게 생각하지 않은 채 서로 연결될 수 있었으면 좋겠다.

현실에서는 아파트 브랜드 순위가 계급이 되었다. 이제 "너 어느 아파트 살아?"는 동네 위치만 묻는 질문이 아니다. 부모는 얼마만큼 돈을 버는지, 당신이나 당신의 배우자가 어떤 생활을 하는지 가늠하는 질문이기도 하다. 나도 가끔 일하며 "어디 사세요?" 같은 질문을 하게 될 때가 있다. 질문의 의도는 상대방의 동선에 대한 궁금증이다. 상대가 어떤 아파트에서 어떻게 사는지 내가 궁금해야 할 이유는 대체로 없다.

책방에서 한 작가와 만났을 때도 자연스레 이런 질문으로 대화를 시작했다. "오늘 날씨가 어때요?"처럼 "어디서 오셨어요? 멀지 않으셨어요?"라며 동선에 대해 물었다. 작가의 대답은 "전 집에서 걸어왔어요. 얼마 전 입주한 ○○○ 아파트 살거든요"이었다. 입주 후 가격이 두 배가량 오르며 투자자들 입에 오르내리던 그 아파트였다. 작가는 어떻게 입주했는지, 얼마에 샀는데 얼마가 되었는지에 대해 설명했다. 이어서 나에게 "어디 살아요?" 물었는데, 그 질문이 "얼마짜리 아파트 살아요?"로 들렸다. 그때부터 "어디 사세요?"라는 질문이 내 마음을 불편하게 했다. 상대에게 물어봐도 될까 의식하면서 묻지 않는 질문이 되었다. 어느 정도 친밀감이 형성된 관계에서만 묻고 답한다.

우리 중 얼마만큼 살고 싶은 동네에 살고 있을까. 사는 곳을 내 마음처럼 선택하기 힘든데, 그곳이 나를 상징하는 무엇이 되어버렸다. 게다가 어떤 이름을 가진 아파트에 사는지도 중요해졌다. 사람들은 이왕이면 동네를 대표하는 '대장 아파트'에 살고 싶어 한다. 아파트 브랜드, 세대수, 집값, 주변 시설과 학군 등 여러 요인으로 동네 상징이 된 대장 아파트 말이다.

건설사 이름이 곧 아파트 이름이었던 시절이 있었다. 그 시대가 끝난 건 2000년부터다. 대림산업이 대림아파트를 'e편한세상'으로 바꾸었다. 삼성물산은 '래미안'이라는 아파트 브랜드를 선보였다. 요즘은 매 분기 아파트 브랜드 순위가 공개된다. 힐스테이트, 푸르지오, 롯데캐슬, 더샵, 아이파크, 자이. 몇 개 건설사의 아파트 브랜드 순위가 엎치락뒤치락한다.

아파트 이름으로 구별 짓기는 유치원부터 시작된다. 유치원은 초등학교와 달리 가까운 곳으로 배정되는 것이 아니라, 지원 후 추첨하는 방식이다. 한 유치원에 다양한 동네에서 온 아이들이 입학하기도 한다. 아파트 단지 내 유치원이 있어도 통학 버스로 등하원할 수 있으므로, 단지 외 유치원을 선택할 수 있다. 그래서인지 학기 초마다 엄마들끼리 신경전이 있다. 그중 으뜸은 어느 아파트에 사는지다. 유치원 안에서는 어느 아파트에 사는지에 따라 엄마들의 관계가 형성된다.

한 초등학교에서 반 배정표에 아파트 이름을 기재한 문서가 논란이 된 일이 있다. 학생 이름 옆에 김○우(삼성), 김○영(자이)처럼 아파트 이름이 쓰인 문서가 홈페이지에 공개되었다. 학부모들은 한창 예민한 시기의 어린이들이 상처받을까 봐 우려했다. 학교는 바쁘게 업무를 처리하느라 파일을 잘못 올렸다고 했다. 사과의 초점은 아파트 이름을 명기하여 구분한 일이 아닌 문서 공개에 맞춰졌다. 통학 버스 운행을 위해 차량 동선 표를 작성한 것도 아니었다. 반 배정에 아파트 이름이 왜 중요했을까.

어른들이 아파트로 나누니 어린이들도 덩달아 그런 식으로 나눌 때가 있다. "너 어디 살아?" 묻고 "그럼 못 오겠네" 단정하는 분위기다. 조를 나누거나 방과후 놀이를 할 때도 아파트로 나눠진다. 활동을 제한하지 않아도 모든 공간에는 보이지 않는 경계가 있다. 벽이나 담장 같은 물질적 요인만이 경계가 되는 것은 아니다.

아파트 이름이 경계가 된다. 특히 요즘 신축 아파트는 커뮤니티 시설이 더욱 다양해졌다. 단지 안에 피트니스와 카페는 물론이고, 수영장, 키즈 카페, 독서실도 있다. 커뮤니티 시설은 관리비를 내는 해당 아파트 주민만 사용할 수 있다. 이에 하교 후 활동, 주말의 만남도 어느 아파트에 사는지에 따라 자연스레 나뉜다. 그래도 몇몇 어린이는 친구 따라 다른 아파트로 놀러 간다. 문제는 그런 어린이에게 "너 어디 사니?"를 묻는 일부 어른이다. 어느 아파트 놀이터에서 어린이들이 놀다가 주거 침입으로 경찰에 신고당한 일이 있다. 관리자는 경찰과 부모가 올 때까지 어린이들을 관리실에 몰아넣었다. 그 어린이들이 기물 파손을 했다고 하는데, 무언가를 파손한 건 정말 누구일까.

이런 일은 뉴스에나 나오는 특이한 사건이 아니다. 실제 아파트에서 종종 벌어진다.

"할아버지, 여기는 입주민만 출입 가능해요."

"놀이터에서 애들이 좀 놀아도 되지. 거참, 너무 하네."

"애가 다칠 수도 있고요, 어쨌든 입주민 전용 시설입니다."

할아버지는 하는 수 없이 아이의 손을 잡고 놀이터에서 멀어졌다. 이런 장면을 보고 자란 어린이들이 자라 무엇을 배려하는 어른이 될까, 다른 사람들과 함께하는 어른이 될 수 있을까 생각해본다. 내가 할아버지였다면? 내가 아이였다면? 내가 그 아파트의 입주민이라면 다른 생각을 했을까.

어느 집단의 문제라고 넘기기에는 부족하다. 아파트에 살면 이웃과 단절되고, 사람들과 구별 짓기만 한다는 의견도 그저 찬성할 수 없다. 일부는 맞고 일부는 틀리다. 낯선 사람을 '절대적 환대'하기 어려운 것도 사실이니까.

지금의 아파트로 이사 오기 1년 전에 있었던 일이다. 옆 아파트 단지와 바로 이어진 통로를 막느냐 유지하느냐 시끄러운 논쟁과 투표가 이어졌다. 당시 신축 아파트였던 단지에 오래된 아파트 사람들이 넘어와 놀이터와 산책로를 '마구' 사용한다는 이유였다. 결국 옆 아파트와 이어진 통로를 폐쇄했고, 담에는 울타리가 쳐졌다. 단지와 이어진 중학교 후문까지 폐쇄했다. 한번 닫힌 통로는 10년이 지나도 열리지 않았다. 이는 낯선 타자에 대한 불안, 환대의 부족과 연결된다. 영화 〈콘크리트 유토피아(2023)〉는 이런 현실을 극단적 상황으로 밀어붙여 보여준다. 알 수 없는 재난 이후 유일하게 남은 서민 아파트. 아파트는 외부인을 철저히 배제하고, 그 안에서 형성된 권력이 내부 공동체를 움직인다. 아파트가 '안전한 집'이자 동시에 '배제의 울타리'로 기능한다는 걸 보여준다.

여러 사람이 함께 사는 공동 주거 시설에는 관리 운영을 위한 조직과 규칙이 필요하다. 고시원이나 기숙사도 마찬가지고, 고급 주상 복합도 같다. 아파트에는 대체로 관리 사무소외 입주자 대표회가 있고, 그 안에 회장과 동대표, 감사가 구성된다. 조직은 '공동 주택 관리법'과 주민 자체 관리 규칙을 토대로 운영된다. 가끔은 관리 사무소와 대치하고 담당 자치 행정동과 다른 의견을 내세우기도 한다. 내부 인원끼리 다툼도 있다.

개인이 개인의 자리에서 맡은 책임과 역할을 다하면 공동체는 스스로 돌아간다고 생각한다. 공동체의 이익이란 명목으로 집단적 행동을 유도하는 일을 좋아하지 않는다. 그럼에도 지금은 어느 사안에 대해서는 아파트 커뮤니티 온라인 카페에 곧잘 댓글을 달고, 글을 올린다. 모두가 두고만 보다가 그대로 유지되는 일이 될까 봐 두렵기 때문이다.

누구라도 움직여야 조금이라도 변한다. 큰 걸음이 아니라도 작은 걸음이라도 움직여야 한다.

아이의 집,
우리의 집

결혼하며
가장 먼저 경험한 것은
공간의 공유화였다.

♦

나는 매우 독립적인 사람이다. 독립적인 생활을 추구하는 사람인데, 결혼 후에는 공간부터 2인용으로 재편성해야 했다. 거실과 부엌 외 부부 침실, 부부 서재, 부부 놀이방. 혼자 사는 집과 둘이 사는 집은 전혀 다른 세계였다.

내게 가장 중요한 공간은 서재다. 내 윗세대에게만 해도 아버지의 공간이었다. 나무 책장, 나무 책상과 가죽 회전의자가 놓인 방. 방의 실제 쓰임의 시간이나 기능과는 달리 서재라고 이름 붙여진 방. 그에 반해 엄마의 공간은 부엌과 식탁뿐인 시대가 있었다. 지금은 집의 형편, 여성의 직업이나 일에 따라 별도의 방 또는 공간을 갖는다.

나는 1인 생활자였을 때부터 책이 많았고, 책상에 앉아 생활하는 시간이 길었다. 나를 위한 서재가 어느 공간보다 중요했다. 둘이 사는 집의 서재도 책상 두 개, 의자 두 개, 서랍장도 두 개가 놓였다. 놀이방에는 여행하며 모은 기념품으로 채웠다. 음악을 들으며 만화책도 보고, 게임도 하고, 그림도 그리는 취미방이다.

　7년 동안, 2인 생활자가 되기 위해 애썼다. 익숙해지니 3인을 위한 생활을 준비할 때가 왔다. 나에게 아기가 찾아온 것이다. 사용이 가장 적은 놀이방부터 아기방으로 바꾸기로 했다. 인터넷을 검색하며 예쁜 가구로 꾸민 아기방 사진을 모았다. 온종일 아기용 침대, 가구와 조명을 찾아 헤맸다. 인기 좋은 구름 조명을 사 아기방에 달았는데, 너무 어두워 조명의 기능을 못했다. 아기방의 중심에 아기가 아니라 내가 있었다.

　아기가 커가면서 방도 집도 변해야 했다. 비싼 조명을 다시 상자에 넣으며 무용한 예쁨보다는 이 집에서 매일 쑥쑥 자라날 아이를 생각했다. 녹색 벽지가 둘린 아기방의 한 면에 낮은 책장을 두었다. 칸마다 다른 색깔의 바구니를 두었고, 그 안에 아기용품을 넣었다. 나중에 장난감 상자로, 이후엔 책꽂이로 바꿔 사용할 참이었다. 아기 침대를 사고 베개와 인형을 침대에 두었다. 침대 머리맡에는 아기들이 좋아한다는 스탠드 모빌을 두었다. 무엇이든 선택할 때마다 아직 이 집에 오지 않은 아기를 생각했다.

아이가 태어나면 자연스레 3인 생활자의 집이 될 줄 알았다. 그런데 아니었다. 집은 아이 중심으로 움직였다. 아이가 중심 생활자이고, 부부는 보조 생활자였다. 공간의 쓰임이 아이의 식사와 낮잠, 놀이와 발달 단계에 맞춰졌다. 아이의 신체적 성장과 활동 변화에 따라 집 안의 가구 배치와 동선도 조정해야 했다. 부부 침실은 가족 침실로, 거실은 아이의 놀이방이 되었다. 서재는 아이의 종이접기방으로, 원래 아이 방은 장난감방으로 변했다. 아이가 보행기를 타고 커다란 화분 옆에 서서 흙이 묻은 잎사귀를 뜯어먹은 날, 모든 화분은 베란다로 쫓겨났다. 책을 좋아하는 아이로 자라면서 거실 책장에 있던 내 책은 서재의 책장으로 옮겨져, 이중삼중으로 꽂혔다. 소파보다는 바닥에서 활동이 많은 아이에 맞춰 소파는 모퉁이로 옮겨졌다. 벽면 곳곳에는 아이의 그림과 작업물이 붙었다.

얼마 전까지 거실은 공룡 공원이었다. 새끼손가락 크기부터 아이의 덩치만 한 공룡까지 모두 있는 공원. 그리고 수백 개의 공룡 장난감과 스티커, 종이 모형이 여기저기 흩어져 집을 장악했다.

이제 거실은 아이의 미술 작업실이다. 색종이, 스케치북, 색연필과 크레용, 물감과 팔레트, 가위와 풀이 자유롭게 펼쳐 있다. 아이에게 거실은 자신의 예술적 에너지로 가득한 놀이터였다. 원하는 도구로 그리고 붙인 작업물이 여기저기 있다. 아이는 결과보다는 역동적인 과정을 즐기는 듯했다.

"엄마, 이거 봐봐. 징검다리를 밟고 바다에 가는 길이야."

누군가는 사방에 종잇조각을 정리하기 위해 당장 빗자루나 청소기를 들고 움직일지 모른다. 하지만 나는 발랄하게 흩어진 도구들이 불편하지 않았다.

아이가 자라며 이 공간은 또 변화할 것이다. 일반적으로 아이가 학령기가 되면 서재형 거실을 계획한다. 그 무렵 많은 가정이 거실을 서재로 전환한다. 한쪽 벽에는 큰 티브이, 반대쪽에는 소파가 있는 전형적인 거실에서 전면 책장에 큰 테이블이 있는 거실로 바꾼다.

집에서 가장 큰 면적을 차지하는 거실을 다른 용도로 전환할 때는 가족의 생활부터 살펴야 한다. 누구 집은 그렇게 했다가 아니라 우리 가족에게 맞는 취향과 주요 활동부터 파악해야 한다. 거실을 서재처럼 꾸민다고 책을 자주 펼치게 되는 것은 아니다. 가족의 관심사에 책이 스며들지 않으면 장식품에 그칠 수 있다. 전집이 책장에 번호 순서대로 꽂히는 건 중요하지 않다. 먼저 책과 가까워져야 한다. 집 어디든 다양한 취향의 책을 자유롭게 배치하자.

아이는 '공룡 공원'이었던 집을 말할 때는 '우리 집'이라 했다. 부모의 세계와 자신의 세계가 교집합을 이룬 우리 집. 그런데 여섯 살부터 '자신의 집'이라 표현했다. 부모의 세계에 자신이 입장한 것보다는 자신의 세계에 부모가 함께한다고 생각했기 때문일까. 부모가 가구와 물건의 위치를 정하지 않고, 아이 자신이 그것들을 선택하게 했다. 이런 시간을 함께 보내면서 아이 자신이 주인인 집을 느꼈나 보다.

"여기 서준이 집이야!"
"아니야, 엄마 집인데?"
"아니야, 서준이 집이야!"
"집은 어디서 났어? 어떻게 샀어?"
"내가 우주에서 던졌어."

"응?"

"내가 엄마 아빠랑 살려고 우주에서 던진 거야. 그러니까 서준이 집이야."

동네 놀이터, 산책로, 슈퍼, 유치원, 장난감 가게를 좋아하는 아이. 자신이 좋아하는 것들의 중심에 집이 있어 집을 더 사랑하게 되었다.

부모가 아이를 자라게 한다고 생각했다. 그래서 좋은 옷, 장난감, 교육 서비스를 전해주고 싶은 마음이 컸다. 되도록 풍족한 문화적 경험까지 갖게 해주고 싶었다. 특히 교육은 스스로 터득하는 경험이 아니라 만들어진 환경에서 얻는 결과라 생각했다. 돌아보니 자라나는 아이가 나를 자라게 했다. 환경이 정해주는 결과보다 과정에서 얻을 수 있는 것들을 바라보게 해줬다. 제도와 자본으로 얻을 수 없는 것들이 있었다. 감수성, 정서적 능력, 공감하는 재능 같은 것.

또한 아이는 내 집을 우리의 집으로 가꾸게 했다. 나에게 이웃과 동네도 친밀하게 느끼게 해줬다. 당분간 우리 집은 아이 중심의 3인 집이 될 것이다. 2인 혹은 1.5인의 좀 더 독립적인 집으로 돌아오려면 꽤 긴 시간이 걸리겠다. 그 긴 시간이 또 다른 움직임을 만들어줄 것이다.

혼자 살며 나를 찾았고, 둘이 살며 나를 넓힐 수 있었다. 지금은 한 집에서 셋이 함께 살아가며 서로 자라고 있다.

단지가 마을로,
입주민이 이웃으로

동네는 함께 사는 사람들과
만드는 곳이다.

◆

결혼하며 아파트 입주민이 되었다. 내 인생 몇 번째 집인지 정확히 셀 수 없으나, 나의 진짜 집으로는 두 번째다. '내 쉴 곳은 작은 집 내 집뿐이리'•처럼 노래할 수 있는 집.

평생 1인 독립 생활자로 살 줄 알았던 나에게 '우리 집'이라 부를 집이 생겼다. 두 대형 건설사가 공동으로 재건축한 아파트다. 2천72세대가 거주하는 중형 이상의 단지 안에는 여러 평수의 집이 각각 쌓인 17동이 있다. 단지 내 놀이터, 독서실, 카페, 피트니스 센터 등의 편의 시설과 산책로가 조성되어 있다.

결혼 후 3년 동안은 직장 생활을 유지했다. 그동안 집은 나에겐 잠만 자는 곳이었다. 유명 테마파크 조경팀에서 시공한

• 영국인 헨리 비숍 경이 작곡한 곡조를, 미국의 배우 겸 극작가 존 하워드 페인이 1823년 오페라 Clari, or the Maid of Milan(클라리, 밀라노의 아가씨)에 극음악으로 차용한 노래 〈Home, Sweet Home〉. 국내에선 김재인이 〈즐거운 나의 집〉으로 번안했다.

단지 경치가 뛰어나다고 했으나, 공원을 여유롭게 걸으며 계절을 느껴본 적은 드물었다. 직장을 떠나 나의 일자리를 직접 만들어도 비슷했다. 집이 있는 단지 안에서 진정한 휴식은 어렵다고 생각했다. 쉬기 위해서는 되도록 아파트에서 먼 곳으로 떠나야 했다.

그러던 중 아이가 태어났다. 아이와 함께한 시간이 집과 휴식의 의미를 완전히 바꿔 놓았다. 아이가 먼저 집 안의 모든 물건을 호기심의 대상으로 바라보았기 때문이다. 점차 아이는 집밖 세상을 궁금해했다. 베란다 창문 앞에 서서 눈에 보이는 세상에 대해 질문을 던졌다. 아이가 걷기 시작하면서부터 아이 손을 잡고 단지 구석구석을 거닐었다. 어느새 아이는 산책로를 따라 한 걸음 두 걸음 걷다가 공원에서 마음껏 뛰고 넘어졌다. 둘 다 놀이터에서 무한 에너지로 시간을 보내다, 연못 정원에서 개구리와 잠자리를 구경했다.

아이가 좀 더 자라면서 계절의 사소한 조각을 함께 모았다. 봄의 스케치북에는 민들레가 가득했고, 여름에는 강아지풀이 살랑거렸다. 가을 공원에서 도토리를 모았고, 눈 오는 날에는 놀이터에서 온갖 모양의 눈사람을 만들었다. 집밖으로 나가는 발걸음은 모험의 시작이었고, 여행이 되었다. 아이와 함께 걷는 동네에서 나도 계절의 순간을 발견했다. 바스락거리는 잎사귀, 지저귀는 새, 줄지어 가는 개미 떼.

아파트 상가, 슈퍼, 빵집, 커피집에도 자주 들렀다. 아이가 단지 구석구석을 궁금해하면서부터 나도 본격적으로 동네 생활을 즐겼다. 동네에서 소비하고, 일과 휴식을 했다. 집과 일터, 쉴 곳은 분리되어야 한다고 생각했던 생활이 자연스레 변했다. 아파트는 우리 집이 되고, 단지는 동네가 되었다.

오늘도 아이와 집을 나섰다. 아이의 작은 손이 내 손을 꽉 잡았다. 엘리베이터 안에는 표정 없는 여자가 보였다.
"오늘은 어디로 갈래?"
"산책은 그냥 마음대로 돌아다니는 거야."
"그래, 오늘은 어디에서 무슨 일이 일어나고 있는지 보자."
엘리베이터 안 여자는 아이에게 웃음을 보였다. 그러고는 파이팅 자세로 인사를 건넸다.
"오늘 산책 재밌게 해."

오후의 햇살이 긴 그림자를 드리웠고, 멀리서 들리는 교통 소음은 희미해졌다. 산책로를 따라 걷던 아이는 갑자기 내 손을 놓더니 몸을 웅크리고 있는 길고양이를 가리켰다.

"엄마, 고양이 낮잠 자. 왜 집에서 안 자고 여기서 자?"

"따뜻해서 잠깐 쉬고 있나 봐."

"그럼 친구 기다리나?"

산책 중인 노인이 아이의 흥분 섞인 목소리에 멈춰 섰다. 아이를 바라보며 눈을 찡긋했다. 아이에게 무슨 말을 건넬까 괜스레 긴장했다. 아파트 단지에 사는 고양이를 돌보는 캣맘과 입주민이 다투던 장면이 떠올랐기 때문이다. 길고양이가 지역 사회의 일부라 믿으며 매일 먹이를 주는 캣맘과 길가의 음식이 다른 고양이를 또 불러온다며 싫어한 입주민들. 일부만 캣맘 편을 들었고, 대부분은 불편함을 표시했다.

아이를 바라보는 노인의 표정이 순식간에 밝아지며 말을 걸었다.

"고양이보다 네가 더 귀엽다."

"고양이가 더 귀여운데요?"

"요 녀석, 말 잘하네."

동네에서 아이와 손을 잡고 다니면 험상궂은 얼굴이 눈에 띄지 않는다. 마치 누군가 이 동네에 마법을 부린 듯 다정한 인사를 건네받는다. 동네 사람들은 특히 아이에게 절대적 환대를 보인다. 아이의 손을 잡고 있던 나도 그 환대를 함께 받는다. 이 동네 10년을 살아도 누군가와 인사를 나눈 기억이 없었는데, 이젠 가벼운 인사 정도는 익숙하게 나누는 사이가 많아졌다.

"엄마, 우리 동네 정말 크다. 마을 같아."
"마을이 뭔데?"
"친구들이랑 같이 신나게 사는 곳!"

한 아이를 키우려면 온 마을이 필요하다는 말이 아파트에도 마땅히 작용한다. 아이에게는 이곳이 마을이었다.

가장 안전한 사회 안전망은 여전히 사람이다. CCTV, 긴급 신고 앱의 시스템이 아니다. 잘 키우고 싶다. 안전하게 키우고 싶다. 이와 같은 바람이 아파트 공동체를 만들기도 한다. 그러므로 아파트를 인간성이 결핍된 집으로만 볼 수 없다. 교환 가치를 지닌 소유 욕망의 대상으로만 보기에는 우리의 매일매

일이 아파트 속에 매우 깊숙이 있다. 좋든 싫든 도시적 삶이 지닌 문제와 해결의 중심에 아파트가 있다.

아파트가 친밀한 공간이라거나 전통적 공동체로 회귀할 수 있다는 의미는 아니다. 사적인 공간이 외부의 요소들과 엮일 때 발생하는 갈등은 점점 해소하기 힘들다. 다만 우리가 서로를 보는 방식을 조금 바꾸었으면 한다. 익명의 입주민이 아니라 내 공간을 공유하는 이웃으로서. 나도 누군가의 이웃이 되어야 단지가 동네가 될 수 있다.

나 같은 아파트 키즈가 오래된 아파트에 향수를 느끼듯, 우리의 아이들도 아파트 단지에 향수를 갖게 될 것이다. 이젠 한국의 대표적 주거 형태인 아파트가 조금은 다정한 공간이 되었으면 한다.

어린이 키우기 좋은 동네 vs 어린이가 공부하기 좋은 동네

사는 곳이
미래의 학벌로 이어질까.

♦

　서울에는 4대 학군지가 있다. 대치동을 선두로 목동, 중계동, 최근 떠오른 광장동은 대표 학군지다. 대치동은 아직까진 강력한 학군지다. 입성해도 끝이 아닌 곳. 조장훈의 『대치동』을 보면 대원족(대치동 원주민), 대전족(대치동 전세 전입자), 연어족(대치동으로 돌아온 대원족의 자녀)으로 나눈다고 한다. 행정구역이 아닌 자신의 정체성으로 집단을 나누어 계급화한다. 결코 나와 네가 섞일 생각이 없다는 의미다.

　학령기 자녀를 두고 학군지에 입성하려는 사람들은 대체로 '개천에서 용 난다'는 말을 믿지 않는다. 사는 곳이 미래의 학벌로 이어진다고 믿는다. 실제 맹모삼천지교는 아주 완벽히 틀린 말이 아니다. SKY에 가기 위해선 SKY에 입학할 확률이 가장 높은 환경으로 가야 한다. 따라서 부동산 민심은 학군지가 흔든다.

　학군지는 인근 학교와 학원가에 의해 정해진다. 특정 학교를 배정받을 수 있는 지역이 1차로 인기다. 포털 사이트에 들어가 학교를 클릭하면 그 학교에 배정받을 수 있는 지역이 표시된다. 유명 사립 초등학교의 통학이 유리한 곳도 인기가 좋다. 사립 초등학교는 지역과 관계없이 지원할 수 있지만, 통학 버스가 다니는 동네는 한정되어 있다. 통학 시간이 길어도 대치동, 목동은 많은 통학 버스가 오고간다. 그다음은 학원 밀집가와 가까운 지역이 인기다. 전통적인 학원가인 대치동과 목동이 포화 상태에 이르면서 사교육 영토가 넓어졌다. 마포의 염리동, 대흥동, 신수동이 있다. 그리고 마곡동, 고덕동, 장지동, 진관동에는 학원 수가 빠르게 증가하고 있다.

유치원, 초등학교, 중학교 입학 시기가 다가오면 맘카페에는 각종 교육 정보를 주고받느라 바빠진다. 영어 유치원의 예비 학부모와 졸업한 학부모가 대상인 온라인 카페도 문전성시다. 학군지 입성 전에 영어 유치원에 들어가기 위해 대기하거나 단계 테스트를 받아야 하기 때문이다. 어떤 곳은 유치원 때부터 대학 입시가 시작되는 분위기다. 초등학생이 영어 학원에 가도 영어 유치원 졸업생과 일반 유치원 졸업생으로 나눈다. 테스트조차 분리해 이뤄지는 일도 있다.

자녀를 이미 5세부터 영어 유치원에 보내던 지인은 초등학교 입학을 앞두고 학군지에 입성했다. 부부가 재직 중인데도 퇴직금을 미리 받아 대출을 얻었다. 학군지로 이사하는 가장 큰 이유는 면학 분위기를 꼽는다. 죽어라 잔소리해도 들을까 말까 한 자녀가 주변 친구들과 공부 이야기를 하며 조금이라도 변화하기를 바라는 마음 아닐까. 두 번째는 학주근접(學住近接)이다. 학교와 학원, 집을 걸어 다니기 위해서다.

나 역시 아이가 유치원에 입학하며 이사를 고민했다. 2천 72세대가 사는 아파트 단지인데도 걸어서 10분 이내 등하원할 수 있는 유치원은 병설 유치원 한 곳뿐이다. 한때 병설 유치원이 인기 있던 시절이 있었다. 초등학교 가서 적응하는 것보다 유치원 때부터 내내 같은 길을 오가면 훨씬 익숙해질 테고, 공립 유치원이므로 학비나 제반 비용도 저렴하기 때문이다.

초등학교 입학을 앞두고 여전히 고민이다. 보조 양육자가 없이 일하는 엄마에게 초등학교 입학은 경력 단절의 선택 기로다. 국공립 초등학교는 요일, 학년, 학교마다 조금씩 다르지만 빠르면 12시 40~50분, 늦으면 1시 40~50분에 하교한다. 정시 수업 후 돌봄 교실이나 방학 내 돌봄이 생겼지만, 그래도 하교 후 공백이 생긴다. 맞벌이 부부의 아이들은 방과후 수업을 하며 하교 시간을 조금 늦추거나 학원 뺑뺑이를 돌아야 한다. 겨우 여덟아홉 살 아이가 보호자 없이 간식을 챙겨 먹고 학원에 가거나 저녁까지 혼자 있을 수 없다. 그래서 직장인 엄마들이 육아 휴직을 초등학교 입학 후 사용한다.

그렇다면 경제적 보상과 휴직이 보장되지 않는 나 같은 사람은 어떻게 해야 할까. 아이가 초등학교에 들어가며 회사를 그만둔 수많은 엄마를 보며 아이가 유치원에 들어갔을 때부터 마음이 다급해졌다. 육아 휴직도 없고, 경력 단절을 원하지 않는 나는 사립 초등학교가 늦게 하교한다는 사실을 알았다. 사립 초등학교의 존재는 나에게 보조 양육자를 가져다준 구세주 같았다. 사립 학교는 한 달에 100만 원이 넘는 학비에도 매년 경쟁률이 높아지고 있다. 서울시 교육청 자료에 의하면 2023년에는 12.6대 1까지 상승했다.

아이가 없을 때는 사립 학교를 사교육으로만 보았다. 그런데 보조 양육자가 없는 나와 같은 이유로 하교 시간이 늦은 학교를 선택한 부모들이 보였다.

누군가는 돈 버는 만큼 쓰는데 뭐하러 돈을 벌러 나가냐고 한다. 그러나 일은 돈을 벌게 하지만, 돈을 벌기 위해서만 일하는 건 아니다. 한편으론 아이가 자라나며 좋은 유치원과 좋은 학교에 보내야 한다는 마음도 커진다. 내가 좀 더 무리해서 이사하면, 내 아이가 더 좋은 학교에 갈 수 있지 않을까. 좋은 친구를 만나지 않을까. 그리하여 더 좋은 환경을 갖게 되지 않을까.

많은 부모가 정아은의『잠실동 사람들』속 희진처럼 아이를 잘 키우고 싶다는 욕심을 버리지 못한다. 유미처럼 아이를 자신의 가장 소중한 것만 합친 또 다른 자신으로 인식하기도 한다. 자녀에게 물려줄 것이 적은 부모는 학벌을 통해 소득의 기회를 만들어주려 한다. 자신을 자녀에게 깊이 투영했거나 자녀의 삶도 통제할 수 있다고 믿기 때문이다.

리처드 플로리다(Richard Florida)는『도시는 왜 불평등한가』

를 통해 우리의 삶은 교육과 소득, 일의 종류에 따라 형성된다고 했다. 그러니 더욱 고민하지 않을 수 없다. 한국도 교육 수준을 중심으로 도시의 계층 지형도가 그려지고 있다. 그래서 모두 집적된 문화 자본과 교육 서비스, 경제적 기회에 접근하기 쉬운 곳에 살려고 한다.

지식 자본주의 시대, 장소와 계층이 결합하면서 새로운 도시 자본을 생성한다. 열악한 자본을 가진 사람들은 기회가 적은 지역에 살면서 계층 상승의 기회를 얻기 힘들어졌다. 이와 같은 불평등은 도시의 근본적인 특징이다. 경제 성장을 이루며 오히려 심화되었다. 도시의 성장 초기에는 가난해도 열심히 공부하고 노력하면 계층 상승의 기회가 있었다. 많은 사람이 대도시로 들어온 이유다.

지금의 서울은 어떠한가? 경제적 불균형이 공간적 불평등으로, 다시 교육적 불평등으로 이어진다. 이에 많은 사람이 수도권에 자기 집을 둔 채 자신의 불편을 감수하고도 전세든 월세든 학군지로 이사 오는 것이다. 같은 동네 안에서는 균질한 사회 계층이라는 착시가 여기서도 적용된다.

학군지가 아이 키우기 '좋은' 동네일까? 교육 자원처럼 보이지 않는 기회가 다른 지역보다 더 제공될까? 자녀가 의대에 가길 바라는 부모, 자녀가 그저 자유롭게 살기를 바라는 부모, 자녀보다 자신의 삶이 더 중요한 부모에게 '좋은'의 기준은 각각 다르다. 하버드대 경제학과 교수 라즈 체티(Raj Chetty)는 미국 납세자 전원의 어린 시절 거주지와 성인기 소득이라는 빅데이터를 이용해, 미국 사회의 계층 이동성을 분석했다. 소득 수준, 젠더, 인종 등 여러 요건이 포함되었다. 그 결과 동네가 어린이들의 미래에 가장 긍정적 변화를 일으키는 요인은 어린이가 보고 자랄 수 있는 '성인 역할 모델'이었다. 그렇다면 한국의 학군지에는 어린이가 보고 자랄 만한 바람직한 성인들이 있을까.

생성형 인공 지능의 시대에는 학습 위주보다 영감을 주는 교육이 더 필요하다고 한다. 학벌이 경제적 능력과 행복한 삶을 보장하지 않는다고 한다. 하지만 한국의 학벌 사회는 아직 끝나지 않았다. 패자 부활이 용납되지 않는 한국 사회에서 학벌은 꿈이나 그 무엇보다 중요하게 작동하고 있다.

나의 아이가 지금보다 선택할 것이 다양한 사회에서 살게 하려면 어떻게 해야 할까. 어려운 일이다. 우선 내 아이가 보고 자라고 싶은 어른이 되기 위해 잘 살아봐야겠다.

셀럽들이 산다는
주상 복합 건물

주상 복합 건물은
주거 공간 고급화의 시작을 알렸다.

건축의 3대 요소는 기능, 구조, 심미다. 고급화된 주상 복합 건물은 르 코르뷔지에(Le Corbusier)의 새로운 건축의 5대 요소(필로티, 옥상 정원, 열린 평면, 자유로운 입면, 띠 유리창)를 지향하는 듯한 집이다. 영국 신문 가디언은 르 코르뷔지에를 '시인의 상상력을 갖춘 건축가'라고 했다. 회화의 천재였다는 의견에는 동의하기 어려우나 '시인의 상상력'이라는 표현은 일부 인정한다. 열린 평면과 자유로운 입면, 리듬감을 가진 필로티와 유리창 때문이다.

르 코르뷔지에를 숭배하는 건축가는 1층에 필로티를 닮은 형태의 상업 공간이나 공원을 배치한다. 고층 건물의 중간중간에 야외 정원을 둔다. 대부분 고층 건물은 안전 구조상 판상형(일자형)이 불가하므로 탑상형(방사형) 구조를 지닌다. 초고층 건물은 바람이나 지진에 대비해, 강한 바람이 불면 건물이 미세하게 흔들리도록 설계된다.

국내 주상 복합 건물의 시초는 도곡동 타워팰리스다. 탑처럼 높이 솟은 궁전이란 뜻의 타워팰리스(2002년 입주)는 1천 292세대가 네 개 동에 산다. 처음 생겼을 당시, 국내 주거 건축에는 보기 드문 시도가 보였다. 1층 공간의 개방감, 각 세대의 평면 설계, 외관 재질의 조화까지 새로웠다.

강북의 타워팰리스라 불리는 합정역 메세나폴리스는 2012년 입주를 시작했다. 총 세 개 동(지하 7층, 지상 39층)에 617세대가 살고 있고, 지하 음식점과 쇼핑몰이 있다. 다른 쇼핑몰과 별반 다르지 않았지만, 중간중간 공용 공간을 둔 것이 차별점이다.

광고대행사에 다닐 때, 타워팰리스 내 게스트하우스에서 동료들과 밤늦은 시간까지 릴레이 회의를 한 적이 있다. 건물 밖에서 구경꾼이 아니라 내부 공간을 경험해보니, 이런 곳에 사는 사람들은 어떻게 돈을 벌고 어떤 삶을 살지 궁금해졌다.

주상 복합 건물 내 주거 공간을 편의상 주상 복합 아파트라고 부르지만 사실 아파트와는 다른 환경과 생활 방식을 가졌다. 아파트와 주상 복합 아파트가 수직적으로 세대를 품고 있는 방식은 같다. 그러나 보통의 아파트는 단지를 이룬다. 누군가는 주상 복합 건물의 수직적 세대 구성 때문에 단지라고 본다. 건물 내 관리와 편의 시설이 있으니 아파트 단지와 크게 다르지 않다는 이도 있다. 비슷한 생활 방식과 경제적 지위를 공유하는 주민들끼리 공동체 의식이 더 커질 수 있다고 보기 때문이다.

아파트 단지는 마을이나 동네가 될 수 있다. 사회적 연결이 일어나는 장소적 전환이 가능하다는 의미다. 단지 내에서 반복적인 마주침을 통해 관계가 형성되기 때문이다. 그러나 초고층 건물은 엘리베이터로만 오가는 경우가 많아 사회적 연결성이 약하다. 그 결과 생활이 지나치게 개인화되고, 이웃과 자연스러운 교류가 어렵다.

배명훈의 『타워』을 보면 624층 건물에 인구 50만 명이 사는 '빈스토크'가 등장한다. 초고층 건물 자체가 국가 형태인 빈스토크에는 경제, 문화, 여가, 소비, 교육 등의 모든 활동을 건물 내에서 해결한다. 그 건축물을 한 번도 벗어나지 않은 사람도 많다. 일단 나가려면 누구든 입출국 절차를 깐깐하게 받아야 한다. 타워 안에서 초개인화된 삶을 유지한다. 물론 엘리베이터를 통해 '얼굴 없는 연결'이 일어난다. 초고층 주거 단지가 지금보다 훨씬 더 거대해진다면, 실제의 빈스토크가 탄생할지 모른다.

대형 건설 회사에 다니는 동료는 서울도 홍콩처럼 초고층 건축물로 하늘선이 빠르게 바뀔 것이라고 단언했다. 타워팰리스 이후에는 목동 하이페리온(2003년, 466세대), 잠실 롯데월드타워 시그니엘 레지던스(2017년, 223세대)가 등장했다. 매매가나 전세, 월세 금액을 감안하고도 월 관리비만 200만 원이 넘는 시그니엘은 성공의 상징처럼 여겨진다. 높은 집값만큼 높은 건축물은 도시의 하늘선을 바꾸고, 주거 개념마저 새로 쓰고 있다.

초고층 건축물은 50층 이상 또는 높이 200미터 이상을 말한다. 200미터가 넘는 건축물은 1920년대 뉴욕에서, 초고층 건축은 1970년대 시카고에서 처음 지어졌다. 현재 최고 높이의 건축물은 두바이의 부르즈 할리파가 828미터, 다음은 상하이의 상하이 타워가 632미터다. 한국은 전 세계에서 고층 건물이 네 번째로 많은데, 세계에서 여섯 번째(2024년 기준)이자 국내에서 가장 높은 건물은 롯데월드타워(555미터)다.

왜 사람들은 높은 건물에서 살고 싶어 할까? 도시 스카이라인, 탁 트인 자연 전망, 건축학적 독특한 아름다움에 대한 욕망도 있겠으나 지위와 명성이 중요한 동기처럼 보인다. 고층은 성공과 성취의 상징이다. 실제 주상 복합 아파트는 체육관이나 수영장의 공용 공간, 다양한 편의 시설과 안락한 서비스를 제공해 편리함과 고급스러움을 경험하도록 한다. 아파트나 주택보다 접근 통제, 감시 시스템 등의 향상된 보안 기능을 갖춰 개인 정보 보호에도 큰 강점이 있다. 이러한 이유로 유명 연예인이나 얼굴이 알려진 사람들이 비싼 관리비를 내면서 높은 건물에서 산다. 물론 도시의 주요 위치에 지어졌으므로 부동산 투자 가치도 높다.

아파트 키즈가 아파트에 노스탤지어가 있는 것처럼, 10년 정도 지나면 고급 주상 복합 건물에도 노스탤지어를 느끼는 이가 생겨날까. 물리적 기반의 상징 자본으로서는 부족함 없는 집이지만, 시간이 더 흘러도 노스탤지어와 같은 감수성의 획득은 어렵지 않을까.

 물리적으로 높음이 삶의 높음을 의미하지는 않을 텐데. 삶의 높이는 각자가 측정할 수 있는 것이다.

골목을 지나 만난 제2의 집

집과 도시를 연결하는
골목

집을 설계하다 보니
골목이 집보다 더 중요해졌다.

◆

 건축을 공부할 때였다. 학교, 미술관, 도서관 같은 공공 건축을 다루다 드디어 설계 과제로 '집'이 주어졌다. 먼저 큰 주제에 따라 방향성과 콘셉트를 정해야 했다. 과제는 짧으면 한 달, 길면 한 학기씩 진행되었다. 몇 주의 낮밤 동안, 나는 집보다 골목을 만들며 시간을 보냈다.

 저마다 폭과 경사가 다른 골목이었다. 골목길에 걸터앉을 수 있는 의자 겸 담을 배치해 잦은 만남이 가능하게 했다. 김중혁의 「C1+y=:[8]:」 속 도시처럼 '모든 골목과 골목이 이어져 또 다른 풍경'으로 이어질 수 있는 동네를 설계했다.

 '관계하는 집'을 주제로 평면도와 입면도를 그리고, 모형을 만들었다. 작고 비정형적인 골목이 집과 집의 관계, 사람과 사람의 관계를 연결해줄 것이라고 생각했다. 골목을 통해 집을 완성하려니 내 모형이 다른 동기들보다 두 배는 커졌다. 대부분 집의 앞마당이나 주변의 지리적 배경을 보여준 정도인데, 나는 골목과 골목 사이의 집들까지 만들었으니 커질 수밖에 없었다.

교수님의 평가는 잘 기억나지 않는다. 칭찬도 꾸짖음도 아니었는데, 또렷이 기억나는 말씀이 있다.
"넌 설계가 아니라 기획을 해야겠구나."
건축 기획자나 도시 기획자 같은 용어를 사용하지 않던 때였으므로 나는 속으로 '기획자? 훌륭한 건축가가 될 건데요?'라며 대꾸했다. 돌이켜보면 교수님의 말씀이 정확하게 들어맞았다. 졸업 후 광고대행사에 입사하여 오래도록 도시와 공간의 기획 일을 했으니 말이다.

왜 집을 설계하며 골목에 골몰했을까. 집의 형태, 내부 구조, 재료만 보이지 않았다. 집과 집을 연결하는 길을 재고 다듬으며, 도시의 통로로서 골목이 중요하다고 생각했던 것 같다. 골목은 내부와 외부 공간의 경계다. 경계의 공간에서 보행자와 차량이 이동한다. 그 위에서 배달, 쓰레기 수거, 출퇴근 등 도시를 유지해주는 기능이 이루어진다. 역사적이고 예술적인 골목도 있다. 전통 시장이 있는 마라케시 메디나, 활기 넘치는 문화 및 상업 중심지가 된 멜버른 골목길, 벽화와 거리

예술이 전시된 래피드 시티의 아트 앨리 등.

  수년전부터 한국의 기획자와 지자체가 골목의 문화적 역할을 고려하며 도시 환경을 조성해왔다. 카페, 부티크, 서점, 예술품이 공존하는 멜버른이나 포틀랜드의 골목길처럼, 활기 넘치는 보행자 구역이 생겨나기를 바랐다. 좁고 넓은 골목이 서로서로 이어지며 사람으로 연결되기를 바랐으나 현실은 어땠을까. 사람보다 자동차가 우선시되면서 보행자를 위한 골목은 점차 사라졌다. 대형 필지에는 대규모 아파트 단지나 주상 복합 건물이 들어서면서 집과 집을 잇는 골목이 드물어졌다.

  골목은 도시의 문화적 정체성을 반영한 건물 외관, 미적 요소를 보여준다. 홍대나 익선동, 문래동, 이태원 골목처럼 독특한 정체성으로 만들어진 골목도 있다. 하지만 무슨 일인지 곳곳의 리단길이 되어버리고야 만다. 삶이 있는 동네 골목은 사라지고 '걷고 싶은 길'이나 '리단 길'이란 이름만 남았다.

  공공시설이 부족한 동네에서 골목은 공동 소유권과 집단

적 책임감을 장려하는 준공공 공간 역할을 담당한다. 주거 지역의 골목은 이웃끼리 우연히 마주치는 비공식 모임의 공간을 마련한다. 어린이를 위한 놀이 공간이면서 어른들의 만남의 장소가 된다. 어떤 골목은 소규모 시장, 길거리 음식 판매점 또는 팝업 상점을 통해 지역성을 보여준다.

골목은 만날 일이 없던 사람을 만나고 갈 일 없던 곳에 가게 한다. 즉, 우연성을 만든다. 이처럼 골목이 자연발생적 장소가 되려면 꽤 오랜 시간과 노력이 든다. 그러나 하루빨리 '보이는 공간'을 만들어내야 하는 이들은 '보이지 않는 장소'가 만들어내는 것들을 기다려주지 않는다. 눈에 보이는 개발의 목적이 골목 구석까지 들어선다.

회사 근처의 오피스텔에 살다 주택으로 이사 온 친구의 골목 표현을 전해본다. '실처럼 얽힌 골목'은 엉켜 있지만 다 풀 수 있는 매듭 같다는 것이었다.
"제일 좋은 건 집으로 들어가는 길이 길다는 거야. 아무리 화나는 일이 있어도 화를 떼어 놓고 갈 수 있지. 복잡한 일에도 풀릴 매듭이 있는 거 같거든."

아파트나 주상 복합 건물에 살면 자동차에 내려 엘리베이터에 탄다. 엘리베이터 안에서 타인을 마주치면 애꿎게 스마트폰만 보다 바로 집 앞이다. 그 동네에 처음 이사했을 때는 집에서 지하철역도 버스 정류장도 멀다며 투덜대던 친구였는데, 이제는 그런 거리가 마음에 든다고 했다.

"구불구불한 게 때론 더 효율적 효과적인 것 같아."

이처럼 골목은 프런트 스테이지와 백 스테이지를 연결하는 시공간이다. 백 스테이지인 집에서 옷을 갖춰 입고 가면을 쓰고 나와 골목을 지나 무대 위에 올라선다. 반대로 세상에서 묻은 먼지와 불필요한 감정은 골목에서 털어내고 백 스테이지로 향한다. 친구에게는 골목이 프런트 스테이지와 백 스테이지를 잇는 다리였다. 버리고 싶은 것은 버리고 가져가고 싶은 것만 가지고 집으로 들어가게 해주는 통로처럼.

사회학자 어빙 고프만(Erving Goffman)은 '모든 세상은 무대'라고 했다.『자아 연출의 사회학』에서 관객 앞에 보이는 무대인 프런트 스테이지와 뒤에는 백 스테이지가 있다고 했다. 두 무대를 구분하는 연극처럼, 우리도 사회 역할에 맞는 가면을 쓰고 연기를 한다. 무대 위는 사회적 역할을 하는 일상의 영역, 무대 밖은 진짜 자아를 드러내는 사적인 영역으로 설명한다. 개인은 무대 위의 상황에 따라 무대 위와 뒤에서 다르게 행동한다고 했다. 그러나 삶에서 빈 무대란 없다. 무대 앞에서도 뒤에서도 삶이 있다. 어느 곳 하나 내가 없는 곳이 없고 중요하지 않은 곳도 없다.

친구가 얼마 전에 이런 말을 했다. "골목에 너무 매끄러운 게 생겨. 그것도 아주 빠르게"라고. 자꾸 동네에 카페와 작은 상점들이 많아지고 있다는 것이다. 나의 골목이 사라지고 있다며 아쉬워했다.

서울 동네마다 프런트 스테이지와 백 스테이지를 잇는 경계 공간이 사라지고 있다. 골목이 그대로이기를 바라는 바람은 세상 모르는 마음일까. 골목다운 골목에 대해 생각해본다.

스스로 설계하는 한옥

서울은 과거와 현대가 맞닿아 있는
복합적인 도시다.

◆

 건축을 전공하고 도시 디자인을 공부하면서 서울의 건축 투어를 무척 열심히 했다. 김중업, 김수근 등 국내 건축가의 현대적 건축뿐만 아니라 서울 성곽을 따라 2박 3일 동안 걸으며 그 주변의 집들을 탐방했다. 다채로운 시공간을 담은 궁과 한옥을 만날 수 있었다.

 그중 한옥은 대체로 일제강점기부터 해방 후에 만들어지거나 고쳐진 집들이었다. 전통 한옥은 기본 ㄷ자형이거나 ㅁ자형의 중정이 있는 형태지만, 도시 한옥은 ㅡ자형 또는 ㄱ자형으로 마당이 있다. 작은 땅을 기능적으로 사용하기 위한 변용이었다. 일제강점기 당시, 주거 형태는 급속도로 변형되었다. 적산가옥이 등장하고, 서울, 대구, 전주와 같은 도시에 근대식 한옥이 등장했다. 이전의 한옥과는 다르게 작고 기능적이었는데, 주로 노동자 계층 주택으로 사용되었기 때문이다.

 한국 전쟁 이후 급속한 도시화와 산업화로 문화 주택과 아파트 건설이 우선시되면서 한옥은 자연스레 쇠퇴했다. 남아 있던 한옥도 현대적 인프라를 위해 철거되었다. 도시 곳곳에 단독 한옥은 사라지고 그 자리에 상가나 저층 건물이 지어졌다. 도시에서 한옥의 존재 자체가 자본과 성장에 의해 위협받았다. 아파트와 네모반듯한 매끄러운 건물이 도시를 채워갔고, 한옥은 도시민에게 낭만적인 공간처럼 남겨졌다.

영화 〈풀잎들(2018)〉에는 매끄럽지 않은 한옥이 배경으로 등장한다. 도시화를 겪으며 남은 한옥의 이미지가 현대적인 일상과 교차한 모습을 보여준다. 도시 한옥은 전통 건축의 아름다움과 현대적인 편의 시설을 결합한 형태다. 온돌, 나무 들보, 안뜰, 기와지붕과 같은 고전적인 요소는 그대로 유지하되 현대적 실내 장식과 스마트홈 기술을 더했다. 미감과 편안함을 추구하는 현대인에게 매력적인 시도다.

도시형 한옥은 미디어가 만든 향수, 한국적 문화 자부심, 현대적 미학에 대한 혼합적 영향으로 인기를 얻고 있다. 급속도로 현대화된 도시에서 한옥 자체가 한국적 건축 뿌리를 찾으려는 회귀를 의미하는 것은 아니다. 전통문화의 상징으로서 한옥에 깊은 애착을 느낀다고 보기도 어렵다. 자연 친화적인 한옥 디자인은 느린 생활의 추구, 미니멀리즘 같은 현대성과도 어울린다. 나무, 종이, 돌과 같은 천연 소재를 사용해, 도시 거주자들이 갈망하는 자연과의 연결성을 집에서 만들어낸다.

한옥은 거주보다 다양한 문화 체험형 공간으로 변모되어 젊은 세대와 관광객을 모은다. 거주를 위한 한옥은 매우 희소하다. 내 또래만 해도 한옥에 살아본 사람은 드물다. 전통적 한옥을 제대로 경험하기는 의외로 쉽지 않다. 한옥을 개조한 카페나 갤러리를 방문하고, 한옥 콘셉트 호텔을 머물 수 있는 정도다. 한옥을 경험하기 위해 여행지의 한옥 호텔에서 지낸 적이 있다. 숙박료가 일반 호텔보다 비쌌는데, 침대 없이 온돌에 이불을 깔고 자려니 생각보다 불편했다. 그럼에도 한옥의 정취는 불편을 이길 정도로 매력적이었다. 가장 큰 매력은 문을 열면 바로 보이는 마당이었다.

광고대행사 입사 전, 무대 예술 감독님의 한옥으로 출근한 시절이 있었다. 삼청동 언덕 위에 한옥을 고친 작업실이었다. 전통 한옥과 도시 한옥의 중간쯤인 작업실에는 작은 ㅁ자형 중정이 있었다. 마루와 마당의 경계에는 모두 유리창이 달렸다. 문과 벽을 터 넓힌 작업 공간에 다양한 크기의 책상, 손님을 맞이할 수 있는 테이블과 의자를 배치했다. 화장실은 마당을 가로질러 가야 했는데, 마당을 지날 때마다 하늘을 올려다보곤 했다.

한옥은 계절과 시간의 흐름을 그대로 담은 공간이었다. 봄가을에는 실내문을 열어 놓으면 자연 속에서 일하는 기분이었다. 겨울에는 코끝에 냉기를 느껴도 발꿈치는 따뜻한 기운을 유지했고, 햇빛이 마당 안쪽까지 깊숙이 들어와 책상 위를 따스하게 덮어 주었다. 여름에는 처마가 그늘을 드리워 마당의 빛과 절묘하게 어울렸다.

작업실은 좁은 도로와 맞닿아 있어 외국인 여행자들이 문을 두드리기도 했다. 지금이야 한국에 관심이 있다면 한옥이 낯설지는 않을 것이다. 그때만 해도 한옥이라는 집 자체를 신기해하는 여행자가 많았다. 무슨 용도의 건물인지 궁금해하거나 혹시 들어가 구경해도 되는지 묻는 이들도 있었다. 대부분 건축 재료와 구조에 호기심을 표현했다. 나무, 지붕, 창호 모양에 관해 대화를 나누기도 했다.

"와, 정말로 평화로워요! 나무가 움직이는 느낌이에요."

"지붕이 좋아요! 이 디자인의 의미는 무엇인가요?"

게스트하우스나 호텔에서 짧게나마 한옥을 경험해본 이들은 다른 이야기를 꺼냈다.

"여긴 창문에 유리가 있네요. 제가 가봤던 곳은 종이가 붙어 있었어요."

"바닥이 따뜻해서 좋았어요."

"문을 열면 바로 바깥이라는 게 좋아요."

나는 한옥 작업실의 중정을 가장 좋아했다. 마당의 한가운데 눈이 오면 눈이 쌓이고, 비가 오면 빗방울이 톡톡톡 그대로 담겼다. 나무 기둥 사이 유리창 안으로 자연 풍경이 들어왔다. 이를 풍경을 빌리다는 뜻의 차경(borrowing landscape, 借景)이라 한다. 대청마루나 툇마루의 기둥과 기둥 사이가 만드는 네모 프레임 안으로 자연을 들이는 개념이다. 종교 건축의 계단을 오르내리면서 차경 기법의 자연을 바라볼 수 있다.

풍경에 닿는 시선까지 세심히 담은 집을 경험하며 이런 것들이 궁금해졌다. 디자인이 생활 방식을 반영한 것일까, 디자인으로 생활이 변화한 것일까. 한옥은 자연과 삶을 잇는 대문 같다. 문 너머로 스며드는 자연의 변화들까지 보여준다.

한옥은 열린 평면을 가졌다. 공간에 역할을 먼저 부여한 것이 아니라 거주자의 생활에서 필요한 쓰임을 만들어낸 집이다. 이는 과거의 사람들이 공간을 대하는 방식이기도 했다. 18세기까지 유럽의 방에도 고정적 기능을 부여하지 않았다. 요즘 주택의 내부는 근대에서 온 구조다.

내가 한옥에 매력을 느꼈던 것은 집 자체의 미감도 있었으나 이처럼 생활 방식까지 여유롭게 배려한 집이기 때문이었다. 내부 공간의 다름을 기능적으로 부각하거나 구분하지 않고, 거주자의 생활에 따라 공간을 조화할 수 있는 여지를 둔 집. 한옥은 마치 기능적이면서 유연한 사람을 닮았다. 어쩌면 사람을 유연하게 만들어줄 집일지도 모르겠다.

도시 밖
세컨드 하우스

**도시의 편리함과
시골의 여유로움을 모두 누릴 수 있을까?**

◆

5도 2촌이라는 생활 방식이 있다. 일주일 중 5일은 도시에서 2일은 시골에서 보내는 현대인들의 새로운 삶이다. 나날이 수도권과 지방을 잇는 교통이 확충되고 전국 어디든 인터넷이 연결된 시대, 내 주변에도 5도 2촌 생활하는 사람들이 생겨났다. 금요일 저녁, 주말의 집으로 가서 도시에서 할 수 없는 활동인 텃밭 농사, 낚시, 트레킹이나 서핑 등을 즐긴다. 일요일 밤이나 월요일 아침에는 서울로 돌아와 직장으로 간다.

5도 2촌 전에는 제주살이가 유행이었다. 선배 한 명은 퇴사 후 제주에 내려가 디자인 회사를 차렸고, 첫 책을 낸 한 작가는 카페를 열었다. 도시를 떠난다고 농사를 짓거나 귀촌하는 시대는 지났다. 원격 업무가 가능해지고 프리워커가 증가하면서 도시를 떠나는 이도 많아졌다. 나 역시 제주살이를 꿈꾼 적이 있다.

"제주에서 살려면 사계절은 지나 봐야 해."

제주에 정착한 선배가 말했다. 제주살이를 시작하기 전에는 꼭 계절마다 한 달씩은 살아봐야 한다고 했다. 날씨가 변화무쌍한 제주에서 살 수 있을지 신체와 정서의 상태를 점검해보는 최소의 기간이다. 비와 태풍이 잦은 제주 여름의 한중간에서 열흘을 지내고 보니, '아, 난 제주에서 살 수는 없겠구나' 단박에 알았다. 언젠가 나에게 "넌 아마 런던 같은 도시에선 살지 못할 거야"라고 말했던 선배는 알고 있었나 보다.

강북 끄트머리에서 강남으로 직장을 다니는 선배였다. 평균 편도 한 시간 반을 출퇴근 길에 쓰면서 말버릇처럼 "이 시간이면 제주도로 출근하겠다"라고 했다. 그러나 한 시간이면 서울에서 제주를 갈 수 있어도 고속버스를 타듯 비행기를 탈 수 없는 것이 현실이다. 시간도 날씨도 계획처럼 되지 않는 일이 더 많았다.

"생각만큼 자연을 즐기지 못하고, 육지를 오가는 게 쉽지 않아. 그리고 네가 좋아하는 게 없을지 몰라."

비 내린 숲, 눈 쌓인 제주 중산간 마을, 언제나 그 자리에 있는 바다. 이런 것들로 내 삶을 지탱할 수 있을까. 내가 좋아하는 것들을 떠올려봤다. 서점, 미술관, 영화관, 잘 가꾸어진 산책로와 작은 상점이 촘촘하게 있는 골목. 내가 좋아하는 것들은 도시에 있다. 선배는 강남 사무실을 벗어나 디자인 회사를 운영하며 학생을 가르치는 어엿한 제주인이 되었고, 나는 여행자로 남았다. 타인의 욕망은 역시 타인의 것이었다.

어느새 제주살이의 열풍도 잦아들었다. 그 무렵 청년들의 귀촌이 미디어를 통해 알려지기 시작했다. 돌아갈 고향이 없고, 도시 생활을 사랑하기에 귀촌을 생각해본 적은 없었다. 그럼에도 서울 바깥에는 값싼 집과 책방을 할만한 건물이 꽤 많았다. 서울에서 태어나 자란 동료가 전혀 연고 없는 지역에서 책방을 열고, 논밭 농사를 짓는 모습도 꽤 근사해 보이기도 했다. 하루하루를 소소히 가꾸는 손길이 정직해 보였다. 도시 생활에 지친 혜원이 고향으로 내려가 시골집에서 요리하며 자립과 정체성을 회복해가는 영화 〈리틀 포레스트(2018)〉, 헬싱키의 작은 일본 식당에서 간소하지만 정성 가득한 음식으로 소소한 행복을 나누는 〈카모메 식당(2007)〉의 모습처럼.

서울 아닌 도시에 집을 얻는다면 어디일까. 반짝반짝 파도로 일렁거렸던 작은 동네. 여름에는 초록빛 안개 냄새가 날 것 같은 『여름은 오래 그곳에 남아』 속 동네, 겨울은 눈의 고장이었던 『설국』의 마을이 떠오르는 곳이었다. 지금은 전국의 서핑 애호가들과 젊은 여행자들이 모이는 서핑 성지가 되었지만, 당시 일반 여행자는 많지 않아 조용했던 양양이다.

책방을 연 후에는 양양에서 영화제 일을 돕고, 모래밭과 바다와 어울리는 책을 선정했다. '바다마을' 재생 연구 사업도 했다. 그렇게 양양을 드나들며 5도 2촌 생활을 꿈꿨다. 한 달에 일주일만 생활해도 좋을 것 같았다. 점점 늘어나는 서핑 애호가보다 숙박 시설이 부족한 상황이었기 때문에 에어비엔비를 통해 부수입도 얻을 계획을 세웠다. 집 관리나 청소를 담당해줄 서핑 애호가도 찾았다.

1년 동안, 열심히 마땅한 집을 찾았다. 빈 땅에 새집을 짓는 일보다는 헌 집을 사서 고치는 것이 시간과 비용 측면에서 합리적이었다. 작은 승합차를 타고 마을 곳곳을 다녔다. 바닷가 앞 마을, 작은 언덕 위 아파트, 도로 옆 상가 주택, 오래된 작은 집, 작은 방이 있는 가겟집으로. 부동산 앱을 틈날 때마다 들여다보고, 좋은 집이 나오면 꼭 연락 달라는 말도 수차례 남겼다. 그러다 가장 마음에 들었던 집을 발견했다. 파란색 슬레이트 지붕이 있는 낡은 집이었다. 마당의 빨랫줄에 무심하게 옷가지가 널려 있고, 한쪽 빨간 대야 안에는 흙 묻은 장화가 덩그러니 있던 집이었다. 집 근처 작은 터널을 지나 길을 건너면 멀리 바다가 보였다.

1년 사이 양양은 뜨는 도시가 되어 원주민들의 염려와 호기심의 목소리들이 들려왔다. 계속 카페와 가게가 생겨서 월세가 비싸지고, 동네가 시끄러워진다며 주민들은 우려했다. 동네 나이 든 사람들은 젊은이만 많아져 원래 밥 먹던 식당도 없어진다고 했다. 도로까지 주차장이 되고 공원 쓰레기통은 맨날 넘친다는 말도 들었다. 지역 공동체의 폐쇄성이 아니라 생활 터전이 흔들릴까 하는 걱정이었다.

양양에 집을 보러 다닐 때, 젊은 부부가 와서 아이 낳고 살면 좋겠다고 말하는 마을 주민을 만났다.
"동네에서 아이들 본 지가 언제인지. 애들은 산 바다에서 뛰어놀며 커야 해."

지금은 양양에 농어촌유학 선정 학교도 있어서 도시에서

일부러 찾아오는 초등학생도 생겨났다. 농어촌의 학교로 옮겨 도시의 학교에서 할 수 없는 프로그램도 참여할 수 있다. 텃밭 가꾸기, 숲과 동식물 관찰하기 같은 생태 학습은 물론, 운동과 영어 등 특별 수업까지 다양하다. 지자체에서 유학 동안에 주거지를 마련해주거나 아이 활동비를 제공하기도 한다.

제주살이나 5도 2촌을 꿈꾸던 세대가 부모가 되어 학군지 생활만이 전부가 아니라는 생각을 하게 된 것은 세대의 변화이기도 하다. 또한 지방 인구 소멸을 염려하는 여러 중소 도시의 대책으로 만들어진 정책이 양양과 같은 작은 지역에서 나타난 것이다.

마을 주민은 양양에서 아이 키우기 좋은 이유를 들려줬다. 그때는 내게 아이가 없던 때라 공감하지 못하고 어색하게 고개만 끄덕였다. 그곳이 나에게 5도 2촌의 생활을 가져올 수 있었을까. 여행자와 마을 생활자의 경계에서 고민할 때, 전례 없는 팬데믹 공포와 함께 아이가 태어났다. 내 고민은 그렇게 끝났다. 낯선 사람과 공간을 공유하는 두려움이 생긴 무렵, 어린아이를 데리고 200킬로미터를 오갈 수 없었다.

앞으로 다시 세컨드 하우스를 꿈꾸게 될까. 지금의 집이 마지막 집이 아니기에 미래의 집도 알 수 없다.

대안적 삶을 만드는 단독 주택

서울은 매일
공사 중이다.

◆

 서울은 바쁘다. 아파트와 고층 주상 복합 건물이 지어지고 있다. 기존의 주택도 아파트 단지로 개발되느라 바쁘다. 새로운 주택 필지가 생길 틈이 없다. 이에 특정 동네의 고급 단독 주택은 상류층에 대한 상징과 같다.『위대한 개츠비』의 20세기 뉴욕 부호 사이에서 유행한 화려한 집,『안나 카레니나』의 러시아 공산혁명 전에 귀족의 집에 대한 판타지가 떠오른다.

 지금까지 살면서 어린 시절의 집이 가장 행복한 기억이라는 독자가 있었다. 어른이 되어 좋지 않은 일을 겪어도 그때의 집을 생각하면 괜찮아진다고 했다. 누구나 골목에서 봤음 직한 주택 같았다. 박공지붕과 철제 대문이 있는 집으로 들어오면 외부 계단을 통해 옥상으로 오를 수 있었고, 담장 너머 감나무와 꽃나무로 계절의 변화를 느낄 수 있는 집. 보통의 단독 주택이 더할 나위 없이 특별했던 것은 그의 시간이 거기 고스란히 있었기 때문이다.

 각자의 삶이 있는 집에 대해 미처 생각하지 못했을 때는,

주택이라고 하면 작가주의적 집부터 떠올렸다. 건축 공부를 하면서 작가주의 집에 대한 갈망이 있었다. 승효상의 수졸당(1992)이나 수백당(1999), 조병수의 ㅁ집(2004). 한국 주거 문화에 새로운 생활을 제시하면서 미적으로도 아름다운 집들이다. 이제는 햇빛, 바람, 비와 눈을 경험하면서 거주자의 생활 방식을 만드는 집을 떠올린다. 계절과 시간의 흐름에 따라 다채로운 공간 경험을 할 수 있는 집을 생각한다.

작가주의 집은 아파트 입성보다 어렵다는 것을 지금은 안다. 작가주의적 건축가에게 설계를 맡기려면 꽤 큰 설계비가 든다. 대학교 4학년 졸업을 앞두고 도면 그리는 아르바이트를 했다. 대형 건설사에서 짓는 아파트는 몇 번의 Ctrl+C와 Ctrl+V로 아파트 한 동 혹은 한 단지가 뚝딱 그려졌다. 동시에 건축 스튜디오에서도 같은 주택 도면을 그렸다. 정확히 말하면 종이에 그려진 도면과 스케치를 디지털 데이터로 옮기는 일이었다. 선 하나 숫자 하나를 그리는 과정은 Ctrl+C와 Ctrl+V와는 다른 차원의 과정이 필요했다.

아파트와 작가주의 집 사이에는 주택 단지라는 선택지가

있다. 일정한 규모와 형태의 주택이 밀집된 단지다. 작가주의 집과는 달리 의뢰자가 없는 상태에서 집을 짓고, 아파트 분양처럼 주택 단지를 지은 후에 살 사람을 찾는다. 아파트와 같이 대체로 4인 가족을 대상으로 짓는다.

일산 단독 주택 단지나 판교 주택 단지가 있지만, 한때 나의 주택 욕망을 한껏 끌어낸 건 작가주의 주택과 주택 단지의 중간인 파주 헤이리 마을이었다. 주거 공간, 창작과 전시 공간이 함께있는 예술가 마을. 한 건물에 문화 공간과 주거가 결합하여 1층 한쪽에는 작업실이, 다른 한쪽에는 전시장이 있다. 주거 공간은 2, 3층에 자리한다. 그러나 마을 내 일반적인 상업 시설이 많아지면서 지금은 기존 의미가 퇴색되었다. 예술인 공동체가 마을을 운영하며 살아간다는 계획은 이상적이었을까. 공동체는 개인이 상징과 의미를 부여하는 과정을 통해 형성된다. 지리적인 근접성이나 물리적 특성만으로 부여되지 않는다.

많은 사람이 그렇듯 나만의 단독 주택을 상상해왔다. 어린 시절부터 그린 나만의 집들. 때로는 급진적 건축 그룹인 아키

그램(Archigram)의 스케치처럼 움직이고, 바뀌고, 확장되는 집이었다. 고정된 건물은 아니었다. 건축의 본질을 철학적으로 탐구했던 루이스 칸(Louis Kahn)처럼 빛과 그림자가 공간을 구성하는 집도 꿈꿨다. 집 장삿속 개념의 단독 주택부터 작가주의 집까지. 집의 개념과 형태는 나이와 생활의 변화에 따라 달라졌다. 그러다 단독 주택의 삶을 1년 동안 조금은 경험했다. 연희동 단독 주택에 책방의 문을 연 것이다.

처음 책방을 열었던 곳은 작은 마당과 돌계단, 감나무가 있는 단독 주택 2층이었다. 지하층은 갤러리로, 1층은 카페, 2층은 책방으로 사용했다. 층마다 공간 사용자가 달랐다. 누구의 집도 아닌 우리의 집이었다. 계절은 바삐 찾아왔지만, 집은 계절이 바뀌어도 그대로였다. 봄에도 집의 생명력은 찾아볼 수 없었다. 여름에는 이름 모를 풀이 여기저기 자랐고 가을은 낙엽이 온 집을 덮었다. 쓸고 닦고, 모으고 버리고 할 일을 누구도 열심히 하지 않았다. 지금 생각해보면 나의 집이 아니라 우리의 집이었기 때문이었다.

지붕과 바로 마주한 2층 책방은 여름에는 너무 덥고 겨울에는 너무 추웠다. 살림집의 구조를 그대로 두고 상업 공간으로 고친 곳이었다. 내장재를 모두 뜯어내 노출 콘크리트로 두었다. 외부는 기존의 붉은 벽돌을 살리고 안팎이 깨끗이 보이는 통창 유리를 끼웠다. 여름 내내 에어컨을 18도에 맞추어도 30도를 웃돌았고, 겨울은 난방기를 켜두어도 온도계는 18도였다. 겨울부터 봄, 여름, 가을을 지나 다시 겨울의 한중간에 나와 책방은 그곳을 떠났다. 그 후에 2층 화장실이 터져 1층으로 물이 넘쳤다는 소식을 들었다. 지금은 그 집을 포함해 연희동의 더 많은 집이 카페, 책방, 편집 매장으로 고쳐졌다.

최근 현실적인 형태의 단독 주택을 선택하는 사람이 늘고 있다. 사는 집을 바꾸고, 좀 더 원하는 삶을 살기 위해서다. 집은 사람이 살아가는 물리적인 공간뿐만 아니라, 삶의 가치와 의미를 시각적으로 드러내는 개인적인 장소다.

2010년 이후, 이전의 단독 주택과는 다른 형태의 집이 등장하기 시작했다. '땅콩집'이라는 협소 주택이다. 일명 집 장사가 만든 집과는 전혀 달랐다. 집의 외형과 내부가 현대적 감각을 반영하면서도 개인의 생활에 따라 다르게 지을 수 있었다. 미니멀 라이프의 유행과 땅콩집 광풍이 함께 불며 이러한 집짓기가 유행이 되었다. 서울 평균 전셋값으로 내 땅과 집을 소유할 수 있었기 때문에 가능했다. 내 생활에 맞춘 집의 구조와 기능을 설계할 수 있다니, 얼마나 황홀한 일인가.

프랑스이 소설가 조르주 페렉(Georges Perec)은 『공간의 종류들』에서 우리가 어디에 있는지, 공간에 대해 질문을 던져야 한다고 했다. 위도나 경도처럼 숫자로 나타나는 척도만이 아니라 자신의 지형적 위치에 대해 고려해야 한다는 말이다. 자신이 인식하기 시작한 하나의 장소가 자신의 존재와 관련하기 때문이다.

집이 변화하면 생활이 변화한다. 나라는 존재가 '집'이라는 장소에 오래 머물기 때문이다. 이전의 주택 논의가 건축가를 중심으로 이루어진 미학적 시선이었다면, 이제는 주택에 '사는 사람'이 주체다. 또한 삶이 변화하면 집도 변화한다. 사회는 더는 이성애자 부모 두 명과 자녀의 4인 가족 체제가 아니다. 어떤 집은 고양이와 부부가 살고, 또 어떤 집은 아이 한 명과 양육자 한 명이 산다. 이웃과 공동체를 이루며 사는 1인 가구도 있다. 직업에 따라 생활 형태도 다양화되었다. 앞으로는 출퇴근 없이 일하는 사람은 더 증가할 것이다.

이미 아파트를 비장소로 느끼는 이들이 다른 생활 방식을 꿈꾸며 다양한 주택을 찾고 있다. 다양한 생활 형태가 주택의 모양을 바꿀 것이다. 백 명의 사람이 있다면 백 개의 삶과 백 개의 집이 있다.

일하는
자리

도시 생활자에게
두 번째 집은 일하는 곳이다.

◆

어떤 직종이든 일하는 사람에게는 자리를 제공한다. 도시에서 가장 많은 공간의 형태는 단연 사무실이다. 책상을 놓고 일을 하는 공간으로, 업무 활동의 생산성을 높이기 위해 효율적으로 설계된다. 제1의 공간인 집이나 레이 올든버그(Ray Oldenburg)가 『제 3의 장소』에서 말한 공간과는 달리, 공식적인 계층에 따라 자리 차이를 둔다. 조직의 구성인과 계급, 일의 흐름을 반영해 근무 공간, 회의실, 공유 공간을 구획한다.

팬데믹 시대 이후 원격으로 일하는 사람이 늘어남에 따라 유연한 공간이 급격하게 등장했다. 다양한 업무 스타일과 디지털 유목민을 수용하기 위해 1인 사무실 외 창의적 협업, 사회적 연결을 위한 공동 작업 공간도 많아졌다. 디지털 기술이 발달하고 수평적 협업의 일이 늘어나면서 구획 없는 사무실도 증가했다. 하지만 사무 공간은 생산성을 극대화하기 위해 가장 제도화된 생활 공간임에는 변함없다.

지금까지 여러 형태의 공간에서 다양한 일을 했다. 학원, 백화점, 미술관을 거쳐 서울 도심의 사무실을 지나왔다. 학원 사무실에는 큰 컴퓨터와 전화기가 놓인 작은 책상이 있었다. 그 책상에 앉아 교재 편집의 일을 돕거나 강의실에서 아이들을 가르쳤다. 책상 위에는 누구라도 나를 대체할 수 있게 개인 물품은 두지 못하게 했다. 내 자리가 아니라 어쩌면 컴퓨터 자리였다. 백화점에서 일할 때도 내 자리는 없었다. 내 자리처럼 보였던 곳도 물건의 자리였다. 계절마다 멋진 물건으로 바꿔 놓고 손님에게 그것들을 소개하는 것이 나의 일이었다.

미술관의 사무실은 일반 사무실과 다를 바 없이 평범했다. 하얀 책상이 줄 맞춰 있었는데, 인턴이었던 내 책상 위에는 전시 도록과 우편물이 많았다. 평범한 공간에서 평범하지 않은 기분을 느끼게 해준 것은, 사무실 밖을 채운 그림과 조각품이었다. 사무실 위에는 전시실, 발아래에는 작품의 집인 수장고가 위치했다. 복도의 끝에 예술 서적이 가득한 도서실이 있었다. 발터 벤야민(Walter Benjamin)이 『기술복제시대의 예술작품』에서 말한 것처럼, 복제된 가짜가 아니라 지금-여기(here-and-now)에 존재하는 단 하나의 진짜가 주는 아우라를 느끼게 했다. 미술관의 사무실은 맥락과 장소와 무관하게 어디서

나 볼 수 있는 물건만 있는 곳과는 다르게 여겨졌다. 그래서 건축물 자체가 도시의 아우라가 되는 미술관이 '내가 일하는 자리'라는 자부심을 느꼈다.

일하는 자리를 통해 개인은 사회적 역할과 경제적 정체성을 형성한다. 더불어 조직 간의 관계 안에서 공동체적 문화를 구축한다. 사무실은 생산성에 대한 사회적 기대, 직장 내 계층 구조가 표현된 장소다. 일상적 공간이지만, 역설적으로 개인의 일상생활을 통제한다. 동시에 특정 행동을 학습하거나 내면화하게 만든다.

미술관은 예술의 보존과 확산을 위한 장소로, 그 안에서 일하는 사람들에게도 문화적 자부심을 준다. 공간 자체가 영감을 줄 수 있는 환경으로 작용한다. 고층 사무실은 어떠한가? 기업의 권력과 경제적 성과를 나타낸다. 도심 속에서 물리적 우위를 보여주는 오브제로 역할하며, 그 공간에서 일하는 사람들도 사회적 성공을 상징한다. 물론 상징이다. 실제로 성공을 의미하는 건물 안에서 일하는 모두에게 성공의 기회가 오지 않는다.

가장 오래 일한 공간은 보통의 고층 사무실이었다. 도시 중심에 있는 지하 4층 지상 17층의 중규모 사무용 건물. 지금은 초고층 건물이 많아졌으나 처음 입사했을 때는 상당히 고층이라 느꼈다. 1987년 준공되어 꽤 오래된 건물이었는데, 지속적으로 관리해 매끈한 모습을 유지했다. 건물 주변에 직장인을 위한 상권이 있고, 지하철역과 버스 정류장이 가까워 외부 업무 지역과 오가기 편리했다. 각 층의 네모반듯한 입면과 평면은 효율적인 공간 분할을 만들어냈는데, 지하층과 로비 1층을 제외한 모든 층의 내부는 복사하듯 똑같은 자리 배치가 가능한 곳이었다.

사무실 공간의 목적은 생산성이다. 업무와 일상을 완벽히 분리하고, 일의 효율에 집중하도록 한다. 이러한 목적은 사무실의 레이아웃과 가구 배치를 통해 시각적으로 나타난다. 본부에서 팀별로 자리를 구획한 다음, 미감과 효율을 생각해 가구를 선택하고 배치한다. 직급에 따라 책상의 크기나 색이 달라지기도 하고, 수납장이나 간단한 회의를 할 수 있는 테이블도 마련된다. 작은 서가와 스탠드형 옷걸이도 놓인다. 더 높은 직급에는 별도로 방을 제공하고, 같은 직급 안에도 보이지 않는 서열이 존재한다. 명함의 직함이 같아도 혹은 직함이 사라진 조직이라도 자리 배치를 보면 직급의 구조가 보인다.

 광고대행사에 첫 출근을 한 날이었다. 내가 속한 본부의 사무실은 13층. 창의적 직종이라 그런지 책상이 다각형의 벌집 형태로 배열되어 있었다. 팀장 자리는 햇빛이 잘 드는 통창 앞, 갓 입사한 나의 자리는 모든 본부원이 사무실을 들어올 때마다 지나는 곳이었다. 그러나 팀장의 배려로 중간 계급의 자리를 배정받았다. 경제적 성과와 효율성을 중시하는 사무실에서 배치가 아니라 배려를 받은 것이다.

 창의적인 일을 하더라도 개인은 구체적인 숫자로 평가된다. 능력을 발휘할 수 있도록 근사하게 마련된 공간은, 떠나고 보니 명함만큼이나 작은 크기였다. 이름, 직위, 소속으로 존재를 드러내는 일은 나의 정체성이 무시될 수 있는 일이었다. 거대 기업의 조직 속에서 개별 노동자로서 존재가 희미해지는 경험은 나만 느꼈던 건 아니었을 테다. 그 효율적인 공간에서 나는 얼마나 자율성과 창의성을 발휘했나. 그 작은 공간이 나의 인간적 경험을 제한하지는 않았을까. 명함 크기의 공간에 질문을 던지며 스스로 떠났다.

나의 진짜 '자리'를 찾아 타인이 만들어 둔 자리를 떠난 것이다. 한때는 그 자리가 내가 만든 것이라 여겼지만 어리석은 생각이었다. 나는 사무실이 아니라 스스로 만든 일자리를 찾았다. 고정된 곳이 아니라 내 일의 움직임에 따라 유연하게 움직이는 자리였다.

일의 자리를 찾는 과정은 직업이나 직장만을 찾는 활동이 아니다. 한 사람의 정체성, 소속감에 대한 질문과 얽혀 있다. 외부 세계의 질서를 고려하되 내 안의 나침반을 적극적으로 움직여야 했다.

제3의 공간이 된 카페

카페는 낯선 이들과
공유하는 거실 같다.

♦

집과 책방을 제외하고 가장 많이 가는 곳은 어디일까. 고민의 여지없이 카페다. 동네에서도 낯선 여행지에서도 카페가 영 순위를 차지한다.

카페의 역사는 1550년대, 오스만 제국의 이스탄불에서 시작되었다. 1652년, 런던에 첫 커피하우스(kahvehane)가 생기며 카페 문화가 유럽으로 확산되었다. 커피하우스는 예술을 논하며 뉴스를 공유하는 공간으로 인기였다. 18세기 프랑스에서는 카페가 계몽주의 사상가와 혁명가들이 모여 토론하는 공간이었다. 특히 파리의 카페에서는 철학적 대화와 정치적 담론이 이루어졌다. 19세기에도 예술가 모임은 카페에서 이루어졌다. 파리의 카페 드 플로르(Café de Flore)로, 경성의 다방으로 예술가와 지식인들이 모였다. 카페는 정치, 예술, 철학 토론의 장으로 기능하며, 지식과 정보 교환의 중심지로 이어졌다.

지금 도시의 보편적 카페 문화를 이끈 것은 스타벅스의 영향이 크다. 시애틀에서 첫 매장을 연 이후, 1980년대와 1990년대를 거치며 전 세계적으로 카페를 대중화시켰다. 커피하우스가 정치인, 문학가, 철학가, 예술가가 모여 토론하는 커뮤니티의 공간이었다면, 카페는 개인의 시간을 보내며 사회와 연결될 수 있는 네트워크 공간과 같다.

1999년, 국내에 문을 연 스타벅스를 시작으로 글로벌 브랜드의 카페가 생겨났다. 커피 한잔에 무료 인터넷, 편안한 좌석, 넓은 테이블 등의 서비스를 제공받아 업무, 공부, 만남의 시간을 보낼 수 있는 곳. 이제 카페는 모이는 공간에서 머무는 장소로 전환되었다. 2022년 말 기준으로, 전국 카페가 전년도보다 4천 곳 이상 늘어 10만 곳을 돌파했다.

도심 카페는 디지털 노동이 지배하고 있는 곳처럼 보인다. 스마트폰과 노트북의 보급으로 카페는 원격 근무와 디지털 노마드의 중심지로 변화했다. 공유 오피스(co-working space)의 기능을 수행한다. 나 역시 디지털 노동자로서 카페를 서재처럼, 사무실처럼, 회의실처럼 사용하기도 한다. 집에 넓은 책상과 편안한 의자가 있고, 카페와 다름없는 커피와 디저트가 있는데도 말이다. 집에서 더 큰소리로 통화하고 음악을 틀어 놓아도 뭐라 할 사람 없이 편리해도 카페에 간다. 노트와 노트북과 책을 가방에 넣고 집을 나선다.

이 글도 집에서 10분 거리의 카페에서 쓰기 시작했다. 지금 내 옆에 여자는 이 카페에서 자주 본 사람이다. 커다란 가방과 노트북과 충전기가 보인다.

"카페라테 한 잔, 시나몬 추가요."

익숙한 주문을 끝내고 자리에 앉자마자, 노트북을 열었다. 노트북 안에는 메모가 붙어 있다. 노트북이 부팅되는 동안에 주변을 둘러보았다. 구석 테이블에 앉은 이는 화상 회의를 하는 듯하고, 고개를 푹 숙이고 키보드를 두드리는 이도 보인다. 낯설지 않은 이들이다.

점심 무렵이 되자, 카페는 분주해졌다. 주문 대기 줄이 길어졌고, 대화 소리가 여기저기 커졌다. 내 옆의 여자는 이어폰을 꼈고, 노트북 화면에는 얼굴이 어렴풋이 보였다. 노트를 펼쳐 뭔가를 받아 적고 있는 듯했다. 회의는 길어져도 피곤한 기색이 없었다.

나의 핸드폰도 울렸다. 외주 업무로 잡지를 함께 만드는 고객사였다. 계절에 한 번씩 대면 기획 회의를 한다. 중간엔 화상 회의나 전화, 이메일, 메시지로 의견을 주고받는다.

"주제 문장을 더 날카롭게 수정하면 좋겠어요."

"문장 길이는 지금과 같으면 되겠죠?"

"이 부분은 조금 더 감성적으로 접근해 주세요."

"감정이 들어가는 게 좋을까요, 분위기만 바꾸면 될까요?"

디지털 노동자는 언제 어디서든 일할 수 있다. 사무실이나 고정된 자리가 아니어도 일할 수 있다는 의미다. 시간과 공간의 경계가 흐려지면서 업무는 쉬지 않고 계속될 수 있으므로, 스스로 조절해야 하는 부담이 있다.

그 사이 나의 커피잔은 바닥을 드러냈다. 마무리해야 할 일이 남아 고민했다. 일을 집으로 가져갈까, 마치고 가야 할까. 생각의 틈 사이 이곳저곳을 오가는 사람들의 소리, 바리스타가 커피 내리는 기계음, 재즈 음악과 가벼운 웃음소리가 들려온다. 옆 사람은 오늘의 일을 마쳤는지 가방을 챙겨 들었다. 나는 좀 더 일하기로 했다. 나는 나를 독려하며 케이크 한 조각을 주문했다.

카페 안의 사람들은 낯설면서도 익숙해 보인다. 혼자 일하지만 외롭지 않기 위해 카페에 오는지 모른다. 어쩌면 이런 기분이 더욱 일에 몰입하게 해주는 것 같다.

카페라는 거실은 언제나 열려 있어 누구든 편히 드나들 수 있다. 매일 아침, 어김없이 문을 여는 도시의 라운지가 여기에 있다.

도시민을 환대하는
공원

누구에게나 두 팔 벌려
인사하는 장소가 있다.

◆

도서관에서 '나의 동네에 관한 글쓰기' 수업을 하고 나오는 길, 건물 안쪽에 시선이 향했다. 지하철역 앞 대형 건물들 사이, 청년 한 명이 도시락을 꺼내 무릎 위에 펼치고 있었다. 치솟는 물가를 감당하려고 일찍 일어나 도시락을 챙겼을까. 도시락은 이미 식었을 텐데, 마음 편히 먹을 자리는 이 도시 어디에도 없었을까. 자본주의 도시에서 잠시 쉬려면 값을 내야 한다. 식당, 카페, 편의점이라도 사용하는 자리에 대해 값을 지불해야 한다. 값을 내지 않고 머물 자리가 있다면 미래에 값을 치러야 한다.

그러나 다행이다. 누구의 소유도 아닌 모두의 자리가 되는 곳이 있다. 공원이다. 공원은 근대 도시의 산물이다. 19세기 급속한 산업화로 인한 도시의 과밀, 급증한 노동 시간, 위생 문제 등이 발생하며 공원이 등장했다. 자연발생이 아니라 계획가, 정치가에 의해 발명된 곳이다. 계획된 공공시설이다 보니, 초기 공원은 일상적 장소가 아니라 이벤트 장소로 작동되었다.

나에게도 어린 시절의 공원은 특별한 날에 찾아가는 곳이었다. 벼르고 별러 어린이날이나 가면 솜사탕 수레와 캐릭터 인형들을 만날 수 있는 놀이동산과 같은 곳. 성인이 되어서도 마찬가지였다. 여름의 수영장, 겨울의 눈썰매장이나 크리스마스 마켓처럼 공원은 친구나 연인, 이제는 아이와 함께 가는 곳이었다. 이벤트 공간을 즐기려면 적든 많든 돈을 지급해야 했다. 일상에서 마주친 공원은 목적지에 좀 더 빨리 도달하기 위해 가로지르는 길 정도였다.

대학원 입학 무렵, 여행자로 온 낯선 도시에서 공원을 지나고 있었다. 어느 지역을 가도 작고 큰 공원을 만날 수 있는 도시였다. 그날도 미술관과 동물원을 가기 위해 한 공원을 가로지르다, 여행자 기분에 벤치에 머물렀다. 아침 공원에서 아이의 손을 잡고 등교를 돕고, 출근을 서두르는 이들을 구경했다. 점심시간이 가까워지니 벤치에 앉아 도시락을 먹는 회사원, 커피를 마시며 책을 읽는 학생, 산책하는 연인도 보였다. 곳곳엔 나와 같은 여행자도 있었지만, 이방인처럼 보이지 않았다.

잠시 공원에 머물 계획이었는데, 반나절이 흘러가고 있었다. 공원은 매 시각 다른 빛과 사람을 보여줘 지루할 틈이 없었다. 내 옆에 앉아 있던 할머니는 마치 영화 〈퍼펙트 데이즈(2024)〉의 주인공 히라야마처럼 나무에 떨어지는 빛을 바라보는 듯했다. 히라야마는 매일 같은 공원 같은 벤치에 앉아 도시락을 먹는다. 나뭇잎 사이로 비치는 빛의 순간을 필름 카메라로 담는다. 매일 반복되는 일상에서 반복되지 않는 소중한 순간을 찾아낸다.

아이러니하게도 여행자로 찾았던 낯선 도시의 공원에서 개인의 시간을 보았다. 계절과 날씨의 움직임이 보이기 시작했다. 이벤트 공간이라고 생각했던 공원이 나에게 일상 공간이 되고, 반대로 일상적인 공간도 이벤트 공간이 된다는 것을 다시 기억했다. 뉴욕 센트럴 파크나 런던 하이드 파크, 서울 한강 공원, 동네의 이름 모를 작은 공원도 누군가에게는 생활을 느낄 수 있는 여행지였다.

나의 일터인 책방 근처에도 공원이 있다. 공원을 마당처럼 사용하겠다며 경의선숲길 앞에 책방을 열었다. 그리고 나와는 그리 상관없을 것 같았던 광화문 광장 앞에도, 책방을 열게 되었다. 두 책방 모두 이방인과 일상 생활자가 많은 동네에 있다. 나도 처음에는 이방인으로 찾았던 공원이 일상적 장소가 되었다. 이제 나는 그곳에서 산책하고, 좋아하는 사람들을 만난다. 아이의 손을 잡고 공원을 걷는 일이 내가 가장 사랑하는 일상이다. 어느새 공원에서 사람들을 관찰하고 이야기를 만날 때도 있다.

이처럼 공원은 일상성이 작용해야 살아 있는 장소가 된다. 철학자 마르틴 하이데거(Martin Heidegger)는 일상의 장소를 산만하지만, 진정한 존재의 잠재적 출발점으로 보았다. 일상이 사회적 힘(자본주의)에 따라 어떻게 형성되는지 탐구했던 앙리 르페브르(Henri Lefebvre)도 일상적 장소를 잠재적인 사회적 장소로 보았다. 일상생활은 자연적이거나 중립적인 현상이 아니라 역사적, 문화적, 경제적 힘으로 형성된 사회적 구성물이라 했다.

도시에서 사회적 힘의 영향을 받지 않는 곳은 없다. 공원도 예외가 아니다. 여전히 계획가, 정치가 들에 의해 공원의 개발과 유지가 좌지우지된다. 그럼에도 공원의 쓰임을 바꾸는 것은 나와 당신이다. 집과 일터에서 나온 우리다.

보이지 않는 영향으로 우리가 공원을 찾더라도, 공원은 우리에게 자리를 내어준다. 모든 이에게 평등한 장소다. 집 앞 공원에서 아이와 자유롭게 놀이한다. 일터 옆 공원에서는 커피를 마시며 마음껏 한숨을 쉬어도 된다.

공원은 휴식, 운동, 소풍, 만남, 육아, 어떤 목적이어도 괜찮은 곳이 되어준다. 인류학자 김현경은 환대란 자리를 주는 행위라고 했다. 공원을 환대의 공간이라 불러도 괜찮겠다.

오래된 책의 집,
동네 도서관

나의 생활 곳곳에는
책방만큼이나 도서관이 있다.

♦

잦은 이사 때문에 동네 단골 도서관은 없었지만, 도서관의 기억은 많다. 점심을 거르고 머물던 고등학교 도서관, 각종 자격증과 시험 준비에 도움을 준 대학 도서관, 미술관 근무 생활에서 가장 마음에 들었던 도서관, 회사 생활 동안 쉼이 되어준 사내 도서관.

도서관과 본격적으로 사랑에 빠진 것은 미술관에서 근무할 때다. 책의 물성만큼이나 아름다운 곳이 도서관이었다. 이제 낯선 동네에 가면 책방 다음으로 도서관에 들른다. 새로운 공간 경험을 위해 숲속 도서관, 한옥 도서관, 기념 도서관은 일부러라도 찾는다. 지금은 폐간된 잡지에 '도서관 여행' 글을 연재하기도 했다. 이름처럼 도서관이 위치한 동네나 외형이 남다른 곳도 있고, 책을 고르는 방식이나 장소가 주는 감각이 특별한 곳도 있다. 아름다운 곡선형 서가, 오래되어 삐걱거리는 나무 서가도 좋아한다. 책 외에 음악, 그림, 사진 분야의 전문적 소양을 키우기 좋은 도서관도 많아졌다. 도시 곳곳의 도서관은 동네 책방처럼 다양해졌다. 책방처럼 읽고 쓰는 삶에

도움을 주는 도서관도 있다. 그렇지만 여러 이유로 나의 단골 도서관이 되지는 못했다.

나에게도 아파트 단지가 동네가 되면서 단골 도서관이 생겼다. 무겁고 짙은 추위가 막 지난 2월이었다. 이사 오게 될 동네 도서관을 방문했다. 꽤 두꺼운 외투를 의자에 내려놓고 회원증에 넣을 사진을 찍었다. 지금은 도서관증에 사진을 넣지 않지만 10년 전에는 사진이 필요했다. 바람에 휘날려 엉클어진 앞머리, 어색한 입꼬리, 한껏 웅크린 어깨. 웃는 듯 웃지 않는 얼굴이 박제된 회원증이 아직도 내 지갑 안에 있다. 그날 회원증으로 열람실에서 책을 빌렸다.

10년이 넘어가는 단골 도서관이라니. 한동네에 오래 살았다는 의미였고, 읽고 쓰는 일을 게을리하지 않았다는 증명이었다. 얼마 전엔 내가 도서관에 자주 가는 걸 아는 이웃은 "이력서라도 들고 가서 자기소개라도 해요"라며 우스갯소리를 했다.

도서관은 아파트 단지 정문으로 나와 10분 정도 걸으면 도착한다. 마치 방문을 열고 나가면 존재하는 나의 커다란 서재 같다. 일상의 한 모퉁이에 언제나 머물러 있다. 도서관에 갈 때는 읽고 쓸 마음만 챙긴다. 무거운 짐은 내려두고 나선다. 그곳으로 가는 길은 나를 명랑하게 해준다. 유치원 가는 재잘거리는 아이들, 활기 넘치게 등교하는 학생들, 와자지껄한 어르신들을 마주한다.

동네 도서관은 물리적으로도 감각적으로도 매우 익숙하다. 앉아서 책을 읽으면 좋은 책상, 글쓰기 좋은 자리도 있다. 서가 위치도를 보지 않아도 관심 있는 작가, 주제와 분류는 서가의 어디쯤 있는지 안다. 도서관은 대체로 멜빌 듀이(Mevil Dewey)가 1876년 개발한 듀이십진분류법을 사용한다. 책을 열 개의 주요 범주로 나누고, 그 안에서 다시 십진 코드로 세부 분류한다. 이를테면 문학은 800번대인데 그 안에 810 미국 문학, 820 영국 문학, 830 독일 문학, 840 프랑스 문학 이런 방식으로 구성한다.

도서관에 필요한 책을 찾으러 간다. 연구에 필요한 책을 찾으러 사회과학 위치로 간다. 300 사회과학, 310 통계학, 320

정치학, 330 경제학, 340 법학, 350 행정학·군사학, 360 사회문제·사회 서비스, 370 교육, 380 무역·통신과 수송, 390 관습·에티켓과 민속·전통으로 나뉜다. 주로 300 사회과학, 360 사회문제·사회 서비스에 필요한 책들이 있다. 세부 분야별 번호를 확인한 다음, 서가에서 도서 기호를 찾아 망설임 없이 책을 선택한다.

도서관의 역사는 책의 역사와 함께한다. 점토판이 파피루스가 되고 종이책으로 이르는 수천 년 동안 함께했다. 최초의 체계적인 도서관은 기원전 7세기 신 아시리아의 아슈르바니팔 왕이 수도에 세운 도서관이었다. 지금도 수많은 서사의 원형이 되는 '길가메시 서사시'를 보관하고 있다. 또한 점토판 문헌과 설화, 신화 등 다양한 자료가 있다.

도서관에는 책만 있는 것은 아니다. 책을 비롯한 각종 정보의 수집, 정리 및 보존 역할을 한다. 정보는 조사, 교육, 연구 활동으로 나아가게 해준다. 동시대의 정보만이 아니라 수백 년 전 자료도 만날 수 있다.

이렇듯 도서관은 사회적 생산물이다. 지배와 권력, 통제의 수단으로 시작되었으나 지금의 도시에선 개인에 의해 각기 다른 장소가 된다. 어린이 독서 모임, 어르신을 위한 디지털 교육, 시민 대상 글쓰기 수업도 열린다. 교육장에서 만나 이웃이 되고, 이웃이었던 이들이 만나 동네 친구가 되기도 한다. 도서관 하나는 동네의 관계를 바꾼다.

제주도의 한 도서관에서 만난 독자가 한 말이 오래도록 기억에 있다.

"도서관이 한 아이를 키워내요."

학원이나 교육 서비스 기관이 상대적으로 적은 지역에선 도서관의 역할이 더욱 크다.

도서관은 책방과는 다르다. 도서관 사용자와 일반 독자에게 책의 기능과 소비 방식은 같지 않다. 나에게도 도서관과 책방의 활용 방식은 다르다. 글쓰기의 시작은 책방이었지만, 글쓰기의 시간을 지켜준 것은 도서관이었다. 책방이 나에게 새로운 틈을 만들어주었다면, 그 틈에서 나를 자라나게 해준 곳은 도서관이다.

아이와 종종 도서관에 들른다. 글자를 잘 읽지 못해도 자신이 좋아하는 책을 고르고, 읽는 시늉을 하던 시기를 지나 책을 읽기 시작했다. 아이에게 책과 함께하는 삶을 바라지 않는다. 다만 도시의 많은 공간과 장소를 경험하기를 바란다. 도서관에서 함께 책을 읽고, 방학 숙제를 하고, 시험공부를 하고, 일기를 쓰다가 근처 카페에서 핫초코 한 잔 마시고 싶다.

집에서 걸어갈 도서관이 있다는 것은, 게다가 단골 도서관의 존재는 나에게도 아이에게도 행운이다.

집단과 개인의 경험이 교차하는 영화관

책방이 일상 세계와의 연결이라면
영화관은 세계의 전환과 같다.

◆

  책방에 가려고 집을 나선 순간부터 독서가 시작된다고 믿듯, 영화관에 가려고 집을 나선 순간부터 영화가 시작된다. OTT 시장이 커지며 이제 사람들은 집에서 편안하게 누워 '보고 싶은 영화'를 자신의 속도대로 본다. 그렇지만 영화관은 영화만 상영하는 곳이 아니다.

  영화관은 일상과 분리된 몰입 공간이다. 즉, 헤테로토피아이다. 미셸 푸코(Michel Foucault)가 『헤테로토피아』에서 말한 개념으로, 현실 세계 안에 존재하면서 현실은 아닌 규칙, 의미, 기능을 가진 '다른 공간'을 뜻한다. 영화관에 스크린이 켜지고 불이 꺼지는 순간, 관객은 도시의 시간과 규칙에서 벗어나 다른 세계로 전이된다. 이러한 전환의 과정은 핸드폰으로 영화를 선택하거나 집을 나서 티켓을 구매하는 일, 상영관에 들어가 자리를 찾는 일련의 행위에서부터 시작된다. 그 좌석에서 사람들은 잠시 '일상 밖 나'를 경험한다. 어둠 속에 모인 사람들은 각자의 무의식을 스크린에 투사하면서 집단적 감정을 공유한다.

영화관은 장소성이 뚜렷한 문화 공간이다. 개인과 집단 무의식이 교차하는 사회적 무대다. 동네의 단관극장, 쇼핑몰 안 멀티플렉스, 예술 영화 전용관은 각기 다른 기억과 공동체를 품는다.

나의 첫 영화관의 기억은 동네의 낡은 단관극장에서 본 〈라이언 일병 구하기(1998)〉부터였다. 그전에도 몇 편의 어린이용 영화를 봤으나 극장에서 잘 기억나지 않는다. 영화가 재밌다고 느끼게 해준 〈러브레터(1999)〉는 멀티플렉스 영화관이 시작되기 전이었다. 그 시절 나의 주요 영화관은 집이었다. 비디오테이프 대여점에서 영화를 빌려와 보았다.

대학생이 된 후에야 영화를 영화관에서 보기 시작했다. 학교 밖만 맴돌던 나는 어느 날부터 집과 학교의 중간 지점에 있던 영화관을 들렀다. 하룻밤에 한 장의 값으로 세 편의 영화를 볼 수 있는 동시 상영관도 자주 갔다. 중간에 꼭 보고 싶지 않은 영화도 끼어 있었지만, 졸다 깨면 꽤 볼만한 영화가 나왔다. (지금 세대는 믿기 어렵겠지만) 극장 앞 간판은 손 그림이었고, 영화는 돌돌 필름에 끼워져 상영되었다. 2012년에 문을 닫은 '화양극장'이 한 편의 영화만 상영하는 마지막 단관극장이었고, 2013년 개봉한 〈설국열차〉가 필름으로 촬영한 마지막 영화라니 엄청나게 오래전 일도 아니다.

대학 근처의 극장 영사실에서 아르바이트하던 동생 덕에 영화와 더욱 친해졌다. 영사실에서 영화 볼 기회도 얻었다. 영화 제목보다 영사기 돌아가던 소리, 쏟아져 나오던 빛, 그 주변을 둥둥 떠다니던 먼지가 어렴풋이 그려진다. 아마 영화적 이미지와 뒤엉킨 기억일 것이다. 멀티플렉스 상영관이 생길 무렵이었다.

멀티플렉스관이 생기며 영화는 문화 산업의 한 축이 되었다. 한 편의 영화가 자본의 논리 속에서 기획되고 소비되기 시작했다. 가장 큰 변화는 영화관이 여러 장소와 결합한 공간 안에서 공존하게 되면서 개인에게 다양한 소비 동선을 제공하게 된 것이다. 사람들은 혼자보다 가족이나 연인, 친구와 함께 극장에 가게 되었다.

변하지 않은 것도 있다. 극장에 앉아있는 관객만이 기억하는 시선이 있다는 것. 현재의 시간과 질서가 다르게 작동하는 영화를 통해 다른 경험을 할 수 있기 때문이다. 영화가 시작되면 우리는 함께이어도 혼자가 된다. 현실과 허구 사이를 오가며 살아 있는 듯한 이야기에 밀착한다. 그래서 보고 싶은 영화는 영화관에서 보려고 애쓴다. 영화관은 일상과 영화 사이의 경계를 유지하며 관객이 몰입의 주체가 되게 한다. 반면 영화로 입장하는 길이 짧은 OTT는 일상과 영화의 경계를 무너뜨린다. 스마트폰 알람이 울리고 메시지를 받는다. 조금이라도 지루해지면 무의식적으로 스마트폰을 찾는다.

영화관은 마치 수영장과 같다. 수영장의 물속에 들어가면 세상의 모든 소리는 차단되고 물소리만 들린다. 상영 시간 동안은 물속에서만 들을 수 있는 소리만 남는다. 물의 저항을 느끼며 움직이는 동안, 외부의 소음과 시선은 닿지 않는다. 영화관도 마찬가지다. 불이 꺼지고 스크린이 빛을 내기 시작하면, 주변의 대화 소리와 일상의 소음이 사라진다. 몰입을 방해하는 작은 행동과 소음으로부터 최대한 멀어진다. 자신을 찾는 이가 있어도 대답할 수 없다. 영화관과 수영장, 두 공간은 물리적으로 다르지만 외부 세계와 분리될 수 있다.

내게 영화관의 큰 단점은 아이러니하게도 개인 간의 거리다. 영화관이 스트레스를 받을 만큼 과밀한 공간은 아닐뿐더러, 개인적 거리를 유지한 좌석이 있음에도 그렇다. 인류학자 에드워드 홀(Edward Hall)은 『숨겨진 차원』을 통해 인간이 공간을 인식하고 사용하는 방식을 프록시믹스(Proxemics, 근접학) 개념으로 설명한다. 개인적 거리는 약 45센티미터에서 1.2미터 거리다. 45센티미터 이내로 들어오면 신체적 접촉이 가능한 거리가 된다. 대략 팔을 뻗었을 만큼의 거리인데 일반 좌석에서는 앞뒤 양옆으로 거리가 된다. 영화관에서도 좌석 선택에 신경을 쓰는 편이다. 평일 오전 영화를 보거나 관객이 많은 영화를 볼 때는 한쪽이 통로인 자리를 선호한다.

개인의 자리를 확보하면 나도 관객'들'이 된다. 그들과 함께 웃고, 울고, 숨죽이며 영화에 반응한다. 그 순간 영화는 공동의 감정을 만들어내는 장치가 되고, 영화관은 개인과 집단의 경험이 교차하는 공간이 된다.

쇼핑몰은
확신의 예스 키즈존

도시에서 어린이를
가장 환대하는 곳은 어디일까.

◆

도시 곳곳에 노키즈 안내문이 있다. 위험해서, 시끄러워서, 복잡해서, 이유는 가지각색이다. 조남주의 『82년생 김지영』에 공원에서 1천500원짜리 커피를 마시는 김지영에게 맘충이라고 수군대는 장면이 등장한다.

소설로는 훌훌 읽었는데 영화로 다시 보니 유난히 그 장면이 충격적이었다. 나는 김지영과 또래이고 내 아이가 어린이집에 가서 처음으로 엄마와 분리된 날, 집 앞 산책로에서 커피를 사 마셨다. 평소 마시지 않는 브랜드의 커피였지만, 그날의 맛은 잊을 수 없다. 그런데 벤치에 앉아 빈 유아차를 옆에 두고 커피 마시는 나를 보며 누군가 맘충이라고 생각했을지도 모른다니. 실제 온라인 카페나 소셜미디어에서 그 단어는 자주 논란거리가 된다. 어린이에게도 친화적이지 않다. 곧 말썽을 일으킬 대상으로 본 것이다.

대부분의 도시 공간에서 어린이는 배제되어 있다. 아이가 어른과 함께 자연스럽게 시간을 보내는 경험을 쉽게 허용하지 않는 도시에서 아이들을 환대하는 곳이 있을까? 공원이나 놀이터, 어린이 도서관처럼 어린이 대상 공간이 아니라, 테마파크와 수족관과 키즈 카페처럼 소비 공간이 아니어도 있을까? 어른과 어린이가 뒤섞인 공간은 어디일까? 그중 으뜸은 쇼핑몰이다.

한국의 쇼핑 공간은 전통 시장에서 시작해 백화점, 대형 쇼핑몰로 발전했다. 서울의 백화점은 도시 중심부에 위치하며, 특정 계층을 대상으로 한 사적·공적 공간의 혼합체였다. 백화점이 패션, 명품, 식품관 중심의 고급 소비의 상징이라면 2000년대 이후 등장한 코엑스몰, 롯데월드몰과 같은 대형 쇼핑몰은 소비뿐 아니라 여가, 문화, 엔터테인먼트 기능을 결합한 복합 공간이다. 이후에 생겨난 스타필드와 여러 아울렛은 작은 놀이 시설부터 수영장, 키즈 카페 등을 입점시켜 소비 가능한 체험형 공간이 되었다.

청소년은 아이돌 굿즈를 사기 위해, 젊은 직장인은 식사나 휴식을 위해, 가족은 놀이를 위해 쇼핑몰을 찾는다. 다양한 연령과 계층이 모이는 사회적 장이 된 것이다. 장 보드리야르

(Jean Baudrillard)는 현대 사회에서 쇼핑몰과 같은 공간이 실제 사회 경험을 재현하는 '시뮬레이션(simulation)' 공간이라고 분석했다. 이처럼 개인은 어느 곳을 찾고 무엇을 소비하느냐에 따라 자신의 정체성을 드러내고, 사회적 역할을 수행한다. 쇼핑몰은 사람들이 모이는 '준공공적 공간(semi-public space)'으로 작동한다. 도시 계획의 관점에서도 공공 공간을 대체하거나 보완한다.

작은 상점이 모인 골목을 좋아한다. 하지만 주차장이 없고 길이 매끄럽지 않은 점을 제외하고도 모퉁이마다 퍼지는 담배 연기, 아이를 반기지 않는 상점과 음식점에 아이와 함께 가기는 힘들다.

반면 쇼핑몰은 확신의 예스 키즈존이다. 미취학 아동 자녀를 둔 부모에게 친화적이다. 대형 키즈 카페와 서점, 장난감 가게 등을 입점시켜 다양한 연령층의 가족을 대상으로 한다. 여름에는 옥상 정원에서 공룡과 놀면서 물총을 쏘고, 겨울에는 대형 크리스마스트리 아래에서 산타 할아버지와 사진을 찍는다. 동화 구연이나 마술 쇼, 짧은 연극이나 영상 상영을 시시때때로 한다. 부모는 이벤트에 참여해서 즐거운 아이의 사진을 찍고, 함께 밥을 먹고, 장난감을 산다. 쇼핑몰 안에 입점한 대형마트에 들러 일주일 치 식량을 사고, 가끔은 어린이 영화도 보고, 키즈 카페에도 간다. 쇼핑몰은 우리를 '가도록' 만들고 '사도록' 만든다. 3인(한 자녀 포함) 가족이 쇼핑몰을 찾으면 최소한 한나절 머무른다. 여유롭게 낮 동안 시간을 보낸다면 쇼핑몰에서 쓴 비용은 얼마일까?

지난 일요일, 아이와 함께 쇼핑몰을 찾아 쓴 내역이다. 3인이 함께 멀티플렉스 영화관에서 영화를 관람하며 4만 8천 원, 팝콘 8천 원을 썼다. 아이와 영화관은 자주 가지 않고 계절에 한 번 정도 어린이 영화가 개봉할 때 간다. 영화관에 가지 않는 날은 키즈 카페에 가거나 예약한 이벤트에 참여한다. 영화를 본 후 식당가에서 식사 5만 원, 옥상 정원의 어린이 놀이터에서 시간을 보내며 산 아이스크림과 커피가 2만 원이다. 지나다 본 다육 식물을 아이가 키우고 싶다고 해 화분 두 개를 1만 원 주고 샀고, 아이가 사고 싶다는 8만 원짜리 장난감 대신 1만 2천 원 스티커북 한 권을 샀다.

집에 돌아오기 전, 지하에 있는 대형 마트에서 10만 원 정도의 장을 봤다. 이렇게만 해도 20만 원이 훌쩍 넘는다. 여기에 계절에 맞는 옷이나 어린이용품을 사면 40만 원은 거뜬히 쓴다. 요즘은 자녀가 한 명이기 때문에 소득이 적어도 아이에게만큼은 아낌없이 쓰는 가정이 많다. 1인 생활자나 커플이 와서 돈 쓰는 것과 비교할 수 없다. 최근 쇼핑몰이 가족 대상으로 많은 공간을 할애하고, 이벤트를 진행하는 이유다. 쇼핑몰에 입점한 문화센터에서 어린이 대상 프로그램이 적극적으로 기획되고 운영되는 것도 그렇다.

쇼핑몰의 옥상 정원에 있던 모래놀이 공간에서였다. 반복 방문 경험이 있어 모래놀이 장난감을 잔뜩 챙겨간 아이는 모든 아이의 눈빛을 받았다. 대부분의 아이들이 부모의 손에 이끌려 갔지만, 한 아이가 우리 곁에 다가와 서성였다. 아이는 처음에는 본척만척하다 갑자기 "같이 놀아도 돼"라고 했다. 그제야 그 아이는 기다렸다는 듯 "엄마, 놀아도 된대" 웃음을 지으며 옆에 앉았다. 말없이 각자 장난감에 몰두하던 아이들. 그 아이가 먼저 "난 여섯 살이야, 넌 몇 살이야?" 물었고, 내 아이는 "나도 여섯 살" 손가락을 펴 보였다. 빠르게 친구가 된 아이들은 한참 손을 흔들다 또 만나자며 헤어졌다.

 아이는 부모와 함께 쇼핑몰에 방문하지만, 자기만의 방식으로 공간을 탐색한다. 동네에서 보지 못했던 상점, 다양한 물건과 사람과 마주친다. 낯선 또래 친구와도 자연스레 어울리며 사회적 상호작용에 대해 알아간다.

 쇼핑몰은 필요한 공간이다. 그러나 도시의 미래를 위한 공간인가 하는 질문에는 선뜻 대답하기 어렵다. 배제와 불평등의 문제가 있기 때문이다. 쇼핑몰의 높은 임대료를 반영한 소비자 가격은 저소득층의 접근을 자연스럽게 제한한다. 글로벌 브랜드 중심의 소비문화는 지역 소상공인을 배제하게 되고, 도시의 다양성을 약화하는 결과를 낳는다. 또한 대규모 소비를 전제로 한 공간은 과잉 포장재와 에너지 낭비의 문제를 필연적으로 동반한다. 대자본을 중심으로 돌아가는 소비문화는 환경적·윤리적 가치와 어긋나는 부분이 있다. 이에 아이와 쇼핑몰에서 보낸 하루는 거대한 소비 안에 흡수되는 건 아닐까? 그런 씁쓸함도 있다. 물론 모래놀이하며 쌓은 작은 우정은 진짜지만 말이다.

움직이는 집,
자동차

자동차가 집보다
필수가 된 것 같다.

♦

건물과 건물 사이 큰 대로가 자동차로 가득하다. 보도블록 위를 걷는 사람들보다 차가 많이 보인다. 도시 생활에서 가장 필요한 것은 자동차 같다. 도시의 길이 자동차 중심으로 설계되었으니 그렇게 보이기도 한다.

1970년대 후반 '마이카 시대'를 맞이하면서 집마다 자동차가 생겼다. 자동차가 대도시의 체험을 바꾸었다. 그때나 지금이나 도로, 주차장, 교통 신호와 같은 물리적 환경뿐만 아니라 도시인의 생활도 자동차에 영향받는다.

2023년 가구 수는 2천207만이고 2024년 1분기 자동차 누적 등록 대수는 2천613만 대라고 한다. 한 가구당 자동차 한 대가 있는 셈이다. 대중교통도 편리해졌기 때문에 이제 이동권(mobility rights)과 '이동의 불평등'은 사라졌다.

나에게 자동차는 타인과 섞이지 않고 좀 더 편안하게, 빠르게 이동할 수 있게 해주는 수단이다. 자동차는 사람마다 다른 의미를 지닌다. 때로는 집보다 더 유용한 삶의 가치로 두는 이들도 있다. 이동하는 집처럼 소유자의 정체성을 단박에 드러내는 상징처럼 되었다. 개인의 사회적 지위와 취향, 성공을 보여주는 역할을 자동차가 한다.

그래서일까. 경제적 활동을 시작하면서 자동차부터 구입하는 사회 초년생이 많아졌다. 집은 없어도 자동차는 있어야 하고, 집은 월세라도 자동차는 특정 브랜드를 고집한다. 집은 못 살 테니 자동차라도 좋은 것을 사자고 생각한다. 나의 한 후배도 마찬가지였다.

후배는 서울 외곽의 작은 원룸에 산다. 방 한 칸에 화장실과 부엌이 붙어 있는 간소한 집이다. 방은 침대와 책상이 닿을 듯 좁다. 회사에서 집까지 거리가 가깝고 월세가 저렴해 선택했단다. 집은 잠만 자는 곳이라 큰 의미를 두지 않는다고 했다.

그의 진짜 자부심은 원룸 주차장에 있었다. 매끈하고 날렵한 검은색 스포츠 세단. 직장 생활 3년 차에 할부로 산 차다. 자신의 연봉보다 높은 금액의 차를 몇 달을 기다려 구매했다. 앞으로 10년은 회사에서 버틸 수 있겠지, 하는 계산을 했다고 한다.

 그 차를 함께 타게 된 그의 대학 친구가 어떻게 이런 좋은 차를 타는지 물으니, "출퇴근길이 나의 유일한 시간이잖아"라고 했다. 자동차는 그의 꿈이자, 현재를 버틸 이유였다. 매달 월급의 절반을 할부금과 유지비로 쓰지만, 그 차를 타고 도로를 달릴 때면 회사의 고단함이 보상받는 기분이었던 것 같다. 차 안은 오롯이 자신의 세상이었을 것이다.

 그의 친구는 자동차에 쓰는 돈을 줄여 월세를 전세로 옮기거나 저축이나 투자를 하라고 충고했다. 친구는 좋은 직장에서 높은 연봉을 받는데도 아직 자동차가 없다. 버스와 지하철이 더 편하다고 했다. 반면 친구의 아버지는 친구와 달리 자동차에 관심이 많으신 분이다. 70세가 넘으셔서 전처럼 자주 운전하실 수 없어도 자동차는 생활의 중심이었다. 주차장에 세워둔 차를 매일매일 손수 닦으신다. 검은색 SUV는 평생 몇 번째 차인지 셀 수 없는데, 얼마 전에는 국내에 몇 대 없다는 캠핑카도 구매하셨다고 들었다. 캠핑카를 끌고 주변 캠핑장을 다니는 것이 아버지의 낙이었다.

가족은 "집도 없는데 왜 그렇게 차에 집착해?"라며 아버지의 취미 생활을 이해하지 못했다. 아버지에게도 진짜 혼자만의 공간이 필요했던 것 아닐까. 자동차가 개인에게 주는 자유와 자율성, 심리적 위안이 분명 있다. 이것이 집만큼 자동차를 신중하게 선택하고 소중하게 여기는 이유가 될 테다.

소유의 시대는 끝났다고 말하는 이들도 있다. 미래학자 제러미 리프킨(Jeremy Rifkin)은 『소유의 종말』에서 사람들이 인터넷은 물론 자동차, 주택, 가전품, 공장 같은 다양한 영역을 더는 '소유'하지 않고 임시로 '접속(access)'한다고 했다. 소유 비용과 관리 비용이 적은 공유 자동차 시장도 커졌다. 어느 지자체는 거주자 대상으로 전기차 공유 서비스를 제공하고 있다.

그러나 우리는 아직 소유하고 싶어 한다. 소유는 단순히 '물건에 대한 지배'가 아니라, 사람과 사람 사이의 관계이기 때문이다. 우리가 소유한 것이 사회에서 나의 취향과 위치를 보여 주기 때문이다.

자동차를 함께 타는 시대가 와도 어떤 이에겐 여전히 특별한 자동차가 필요하다. 자동차는 어쩌면 그냥 물건이 아닐 것이다. 누군가에겐 집의 소유만큼 큰 의미일지 모른다.

일이 싫어질 때
호텔

호텔은 익숙한 일상에서
잠시 벗어나기에 좋은 곳이다.

♦

호텔 하면 무엇이 떠오르는가. 나에게 호텔의 이미지는 〈그랜드 부다페스트 호텔(2014)〉이다. 웨스 앤더슨(Wes Anderson) 감독이 슈테판 츠바이크(Stefan Zweig)의 『초조한 마음』에 영감을 받아 만든 영화다. 핑크를 좋아하지 않는 내가 핑크에 마음을 빼앗기기도 했다. 그림 같은 미감과는 달리 살인 사건이 얽힌 사회 비판적 내용은 1930년 유럽을 배경으로 한다. 대칭적인 스크린 안에 담긴 파스텔 색채감, 간결하지만 강렬한 배경처럼 영화 속 호텔도 고풍스럽고 정교한 분위기다. 고풍스러움은 매끈한 재료로 만들 수 없다. 시간과 손길이 쌓여야 한다. 현실에서의 호텔은 외관부터 기능적으로 잘 다듬어진 건물이 많다. 요즘은 사무실인지 호텔인지 구분되지 않는 곳들도 보인다. 오래된 호텔이 사라지는 것이 아쉽다.

나에게 호텔은 단순한 숙박 시설이 아니다. 취향이 계급인 듯 나의 공간 소비를 소셜미디어에 보여주기 위한 곳도 아니다. 오히려 완벽한 비일상을 제공해주는 곳이다.

집에서는 해야 할 일이 끝이 없다. 가족이나 반려동물, 혹은 일상적인 업무 때문에 온전히 나에게 집중하기 어렵다. 가족들의 필요와 기대에 신경이 기울어질 수밖에 없다. 누군가의 요구가 없는 1인 생활자라 해도 해결할 것이 있는 삶은 멍하니 내버려 두지 않는다.

호텔에서는 청소나 요리 같은 살림에서 해방된다. 나를 위해 정돈된 침대, 깨끗한 침구, 호텔 특유의 향, 깔끔한 욕실. 그리고 룸서비스를 주문하면 원하는 음식이 문 앞까지 배달되고, 조식 뷔페에서 아침을 차릴 필요 없이 다양한 음식을 즐길 수 있다.

호텔은 '나'를 위한 공간이 된다. 그곳에서는 아무것도 하지 않아도 된다.

여러 일로 복잡했던 날이었다. 눈앞에 놓인 일들의 속도를 내지 못해, 즉흥적으로 좋아하는 호텔에서 하루를 보내기로 했다. 오래된 호텔의 라운지와 카페도 좋아하지만, 객실에서 내려다보이는 서울의 모습을 좋아한다.

프런트 데스크 직원이 건넨 키 카드로 방문을 열자, 빳빳하게 다려진 흰색 침구가 보였다. 많은 여행자가 호텔의 폭신한 이불을 좋아한다. 말끔하게 여행지 느낌을 전해주기 때문이다. 집에서는 아침에 일어나 베개와 이불을 이처럼 곱게 정리하기 어렵다. 일주일에 한 번 침구류를 세탁하기도 힘들다. 물론 호텔에는 보이지 않는 타인의 노동이 있다. 근사하게 보이기 위해 보이지 않는 곳에서 몇 차례 움직였을 사람들.

창문 밖으로 낯설지 않은 거리가 보인다. 자주 지나다니던 길도 높은 곳에서 바라보니 다른 장소 같다. 그리 새롭지 않은 동네의 오래된 호텔에 왜 오고 싶었을까. 도심 속 호텔에서 익숙한 풍경을 바라보는 것만으로도 일상의 분위기가 달라진다. 좀 더 자연과 가까운 호텔을 선택하여 휴양지에 온 듯한 기분도 들 수 있겠으나, 나는 아는 장소에서 낯선 장면을 찾아내는 것을 좋아한다.

호텔이 기분만을 바꾸는 곳은 아니다. 아즈마 히로키(Azuma Hiroki)는 『관광객의 철학』에서 신체를 이동하면 정보가 달라진다고 했다. 스마트폰으로 정보를 찾더라도 다른 장소에 있으면 평소와 다른 검색어를 입력하게 되는 것. 신체의 이동에 따라 시선이 달라지고, 사고에도 영향을 미친다. 내가 어디 있느냐에 따라 정보의 수용 방식이 바뀌면서 감각이 재구성된다.

호텔 휴식도 평소 느끼지 못한 새로운 시각을 허용한다. 일상과 일에서 느낀 정신적 한계를 잠시나마 허물고, 다른 존재로서 자신을 재구성할 수 있다. 도시의 복잡함과 멈춰진 나의 일을 피해 잠시 떠나는 시간은 자신과의 관계를 새롭게 정의해준다.

일상에서 탈출해 온 호텔에서 노트북을 켜볼까 하다가 이내 덮었다. 하루만큼은 아무것도 하지 않기로 했다. 도시의 구부러진 골목을 내려다보며 호텔에서 살아가는 삶은 어떨까 궁금해졌다. 레지던스 호텔에서 수년 동안 살았다는 어느 뮤지션이 떠올랐다. 레지던스 호텔에는 장기 숙박하는 여행자가 꽤 많다. 호텔보다 투숙비가 저렴하고, 청소와 세탁을 해결할 수 있다. 취사가 가능한 호텔도 있다. 서울의 경우에는 주로 명동, 종로, 광화문에 위치해 교통과 주변 서비스 시설도 만족할 만하다.

또 다른 장점이 있을까? 소유하는 물건이 축적되고 루틴이 고정되는 일상적 집보다 호텔은 유연하다. 물건과 시설의 유지 보수가 필요 없다. 소유가 줄어들면 책임의 무게가 줄어들고, 책임이 줄어들면 자유가 늘어난다.

작업실로서의 호텔은 어떨까. 쉬러 온 호텔에서 오히려 일이 더 잘되던 경험이 있다. 일상의 시공간과 단절되었기 때문에 최적의 작업을 할 수 있었던 것이다. 호텔은 개인의 정체성을 강조하기보다는 익명성을 부여하는 공간이다. 호텔의 익명성은 독특한 고독을 느끼게 하는데, 외로움이나 고립 대신 잠재력이 된다. 그래서인지 창작의 과정 중간에 호텔에 오는 작가를 여럿 보았다. 나 역시 고독한 느낌을 통해 일의 잠재력을 끌어내고 싶을 때 이 작업실에 오는 것 같다.

돌아갈 집이 있기에 잠시 집에서 떠날 수 있는 것이 아닐까. 결국 우리는 집으로 돌아간다. 나의 일과 생활이 뒤엉켜 오늘의 내가 있는 집으로.

때로는 익명성의 공간이 주는 자유로움이 창작의 동력이 되지만, 그곳에 머무는 시간이 길어질수록 공간과의 관계가 희미해진다. 나의 삶은 깔끔하고 매끈한 공간에 있지 않다. 투박한 일과 일상의 자리에 있다.

자기만의
책방

책방은 책을 '읽고 쓰고 나누는 경험'을
나누는 방이다.

◆

1년에 책 한 권도 읽지 않는 사람이 열 명 중 여섯 명이라지만, 도시에 작은 책방은 늘고 있다. 전국에 800개가 넘는 책방이 있고 서울에만 270개가 넘는다. 여기서 책방은 서점을 포함한다. 서점이 책을 상품으로 거래하는 '공간'이라면, 책방은 사람과 문화가 만나 교류하는 '장소'다. 책방은 제3의 공간으로서 변화하는 과정에 있다.

책을 사고파는 서점의 기능만 있었다면 나 역시 책방 문을 열 수 없었을 것이다. 책방은 사람들과 함께 책을 경험하는 공간이다. 책을 사는 곳만이 아니라 작가와 직접 소통하기 위한 커뮤니티로도 기능한다. 또한 책방 운영자를 중심으로 글쓰기 아이디어를 교환하며 소속감을 느끼기도 한다. 책을 통해 읽고 쓰는 사람들이 느슨하게 연결되어 있는 곳이다.

"제 꿈도 책방을 여는 일이에요."

서울의 한가운데 책방을 연 후, 사람들에게 종종 부럽다는 소리를 듣는다. 책방에 앉아 독자가 오기를 기다리던 어제도 그런 이야기를 들었다. 이 복잡하고 값비싼 도시에서 '방'이 두 개나 있는 내가 혹시 성공한 것처럼 보였을까. 그럴 때마다 곰곰 생각해본다.

'책'방과 책'방'은 다르다. '책'방은 책을 위한 방이다. 책을 경험하는 일이 중심이 된다. 책'방'은 책이 있는 방이지만 책보다는 자신을 찾기 위해 혹은 돌보기 위한 공간이다. 나도 처음에는 나의 '책방'이 아니라 나만의 책'방'을 꿈꾸었다.

삶은 아이러니라고 하던데, 나에게 책방은 내 삶의 아이러니 중 하나가 되었다. 책방 운영자를 꿈꾼 적 없었던 내가 책방 주인이 되었기에, 다음의 질문에 답하는 과정이 필요했다.

내가 또 다른 방을 가진다면?
책이 있는 방이 아닐까?
책이 있는 방에는 어떤 책이 있을까?
어떤 책방이 좋을까?
나와 당신을 책으로 연결하는 책방.

처음에는 오롯이 나를 위한 방을 만들었다. 유년 시절부터 이어져 온 불안을 끊어야 할 때였다. 조용한 주택가의 단독 주택 2층에 개인 서재를 닮은 책방을 열었다. 작은 외부 테라스와 통창이 있어 계절의 변화와 시간의 드나듦을 고스란히 볼 수 있었다. 모든 서가를 손닿는 높이로 만들었고, 소개하고 싶은 책부터 들였다. 그곳에서 새로운 사람들을 만났고, 다시 공부했다. 폭 30센티미터 가로 120센티미터의 작은 책상에서 읽고 쓰는 삶을 시작했다. 나에게 책방은 프루스트의 마들렌과 같았다.

나에게 용감하다고 말하는 이들도 있었다. '대기업 명함을 버리다니'라는 걱정과 응원이었을 것이다. 사무실 자리를 떠나 나만의 방을 꾸렸을 때는 자신감과 자만감이 있었다. 그렇지만 그때도 지금처럼 도시의 한가운데에서 책방을 운영하는 것은 꽤 도전적인 일이다. 책방이라고 하면 영화 〈노팅 힐(1999)〉이나 〈비포 선셋(2004)〉의 이미지를 떠올리는 이도 있다. 아담하고 다정한 공간 안에서 생기는 사적인 친밀감 같은 것들.

현실에서 책방 사업은 해가 갈수록 이윤이 낮아지고 온라인 소매상과의 경쟁도 치열하다. 작은 책방의 경쟁 상대는 대형 서점이 아니라 유튜브라는 말은 아예 틀리지 않았다. 그럼에도 누군가는 지금의 작은 책방을 도시 속 오아시스에 비유한다. 종이책도 작은 책방도 사라지지는 않을 테지만, 점차 행성의 오아시스처럼 변할 수는 있겠다. 오늘날 도시의 즐거움은 쾌락에 가깝다. 경험 자체가 즉각적인 즐거움을 가져와야 공감을 얻는다. 책과 책방은 직관적인 즐거움을 전달하지 못한다.

책방은 책을 읽는 경험만으론 사람을 끌어당기기 부족하다. 책방을 찾는 사람들은 일상에서 얻을 수 없는 낯선 경험을 원한다. 김초엽의 소설 「행성어 서점」에는 낯선 외국어로 가득한 서점이 등장한다. 모든 인간의 뇌에 수만 개의 은하 언어가 지원되는 통역 모듈이 설치된 시대, 이국적인 경험을 하고 싶어 행성어 서점을 찾는다. 이처럼 행성어 서점 서가에 꽂힌 책은 읽히지 않음으로써 가치를 얻는다. 새로운 방식으로 읽기, 특정 책방에서만 가능한 경험이 필요해지고 있다. 특정한 시간과 공간에서 체득한 경험은 멸종되지 않는다고 믿는다.

책의 요약 정보를 영상이나 인공 지능을 통해 얻을 수 있더라도 '책 읽는 경험'에 비할 수 없다.

  나의 책방은 도시에서 자기만의 시간과 방을 찾아 나선 이들을 위해 있다. 미셸 마페졸리(Michel Maffesoli)는 『부족의 시대』를 통해 신 부족의 등장에 대해 말했다. 이들을 디오니소스적, 감각적, 직관적, 연극적인 감정 공동체라고 보았다. 근대가 개인 중심이었다면, 지금은 감정과 공감 중심으로 보았다. 따라서 도시를 냉정하고 비정형적인 공간이 아니라, 사람들이 팔꿈치를 맞대고 서로 온기를 유지하는 공간이라고 했다. 그런 도시에서 이 작은 책방을 빼놓을 수 없겠다. 하루 한 시간, 일주일에 단 몇 시간이라도 자기 생활에 읽고 쓰는 경험을 마련하고 싶은 사람들과 함께 책방은 자라 우리의 방이 되었다.

  개인의 삶이 도시의 역사가 되듯, 나의 작은 책방도 더 넓은 방으로 변화하고 있다. 소규모 출판사나 문학계에서 소외된 목소리를 위한 플랫폼이 되겠다거나, 신진 작가가 새로운 독자에게 다가갈 기회를 만들려는 비장함은 없다. 나의 '방'으로 시작했던 책'방'이 도시의 책방이기를 바란다. 거대한 서사의 중심을 이루는 장소가 될 수 없어도 각자의 방으로 충분하다. 이미 많은 책방이 책과 지역 문화 활성화, 문화·예술 생태계의 거점으로서 기능한다. 앞으로는 시대의 변화에 따라 전자책, 오디오북, AI 추천 시스템 등의 디지털 기술을 활용한 책, 텍스트 콘텐츠를 아날로그적 경험으로 연결하는 책방이 오아시스 같은 존재가 되지 않을까.

숨쉴 틈조차 없이 흘러가 버리는 날이 있다. 숨가쁜 도시에서 살아가는 개인에게 나의 '책방'이 잠깐이라도 그들의 '방'이 되었으면 한다.

그래서 나는 이 방을, 이 책방을, 험난한 도시에서 지켜내고 싶다.

등장한 책과 영화

가와바타 야스나리, 유숙자 옮김 『설국』, 민음사
김유담 『스페이스 M』, 위즈덤하우스
김중혁 「C1+y=:[8]:」, 『1F/B1 일층, 지하 일층』, 문학동네
김초엽 「행성어 서점」, 『행성어 서점』, 마음산책
레이 올든버그 지음, 김보영 옮김 『제3의 장소』, 풀빛
레프 톨스토이, 연진희 옮김 『안나 카레니나 1-3권』, 민음사
리베카 솔닛 지음, 김명남 옮김 『세상에 없는 나의 기억들』, 창비
리처드 플로리다 지음, 안종희 옮김 『도시는 왜 불평등한가』, 매일경제신문사
마쓰이에 마사시, 김춘미 옮김 『여름은 오래 그곳에 남아』, 비채
미셸 마페졸리 지음, 박정호·신지은 옮김 『부족의 시대』, 문학동네
미셸 푸코, 이상길 옮김 『헤테로토피아』, 문학과지성사
발터 벤야민 지음, 최성만 옮김 『기술복제시대의 예술작품』, 길
버지니아 울프 지음, 공경희 옮김 『자기만의 방』, 열린책들
배명훈 『타워』, 문학과지성사
슈테판 츠바이크 지음, 이유정 옮김 『초조한 마음』, 문학과지성사
F. 스콧 피츠제럴드, 김욱동 옮김 『위대한 개츠비』, 민음사
아즈마 히로키 지음, 안천 옮김 『관광객의 철학』, 리시올
어빙 고프만 지음, 진수미 옮김 『자아 연출의 사회학』, 현암사

에드워드 홀 지음, 최효선 옮김 『숨겨진 차원』, 한길사
유은실 『순례 주택』, 비룡소
은희경 「아내의 상자」, 『이상문학상 수상작품집』, 문학사상
이-푸 투안 지음, 윤영호·김미선 옮김 『공간과 장소』, 사이
정아은 『잠실동 사람들』, 한겨레출판
조르주 페렉 지음, 김호영 옮김 『공간의 종류들』, 문학동네
조장훈 『대치동』, 사계절
제러미 리프킨 지음, 이희재 옮김 『소유의 종말』, 민음사
최인기 『가난의 시대』, 동녘

〈84제곱미터〉, 2025

〈그랜드 부다페스트 호텔〉, 2014

〈기생충〉, 2019

〈노팅 힐〉, 1999

〈비포 선셋〉, 2004

〈라이언 일병 구하기〉, 1998

〈러브레터〉, 1999

〈리틀 포레스트〉, 2018

〈설국열차〉, 2013

〈카모메 식당〉, 2007

〈콘크리트 유토피아〉, 2023

〈퍼펙트 데이즈〉, 2024

〈풀잎들〉, 2018

나가며

오래전 떠나온 집과 사라진 집을 떠올리는 게 아름다운 기억만은 아니었다. 도시는 경제 성장의 중심지가 되고, 동시에 불평등과 공간적 분리를 이끌면서 개인의 집과 삶에 영향을 줬다. 나 역시 도시가 가져온 불안과 불평등에 자유롭지 못했기 때문이다.

도시의 집들에 관한 관찰기를 마무리하며 나는 도시를, 도시적 삶을 더욱 사랑하게 되었다. 내가 마주한 집들이 내 삶의 과정에 놓여 있었다. 모든 장소에 사람이 있었다. 도시의 집과 사람이 나를 만들어왔음을 인정하는 순간, 지금의 나와 내 집이 더 소중해졌다. 앞으로 난 몇 개의 집을 만나게 될지 알 수 없다. 하지만 집의 이야기는 나의 생활과 계속될 것이 분명하다.

이 책이 당신이 경험했던 온갖 집과 온갖 장소를 새로 읽어내는 일이 되기를 바란다. 당신의 도시가 다시 보이기 시작하기를.

• **일러두기**

책은 『 』, 단편 소설은 「 」, 영화와 드라마와 노래는 〈 〉로 표기했다.

당신의 집은 어디인가

1판 1쇄 인쇄 2025년 11월 28일
1판 1쇄 발행 2025년 12월 5일

글 구선아
디자인 [★]규
제작 제이오

펴낸이 김진희
펴낸곳 진풍경
등록 제2021-000202호
문의 zeenscene@hanmail.net

ISBN 979-11-979152-6-0 (03540)

- 책값은 뒤표지에 있습니다.
- 이 책은 저작권법에 의해 보호받는 저작물이므로 무단 전재와 무단 복제를 금지하며 이 책 내용의 전부 또는 일부를 인용하거나 발췌하려면 반드시 저작권자와 진풍경의 서면 동의를 받아야 합니다.
- 인쇄, 제작 및 유통상의 파본 도서는 구입하신 서점에서 바꾸어 드립니다.